行政事业单位财务管理问题研究

陈卓珺　著

中国商务出版社
CHINA COMMERCE AND TRADE PRESS

图书在版编目（CIP）数据

行政事业单位财务管理问题研究 / 陈卓珺著. — 北

京：中国商务出版社,2022.8

ISBN 978-7-5103-4394-0

Ⅰ.①行… Ⅱ.①陈… Ⅲ.①行政事业单位－财务管

理－研究－中国 Ⅳ.①F812.2

中国版本图书馆CIP数据核字(2022)第154098号

行政事业单位财务管理问题研究
XINGZHENG SHIYE DANWEI CAIWU GUANLI WENTI YANJIU

陈卓珺　著

出　　　版：中国商务出版社

地　　　址：北京市东城区安外东后巷28号　　邮　编：　100710

责任部门：发展事业部（010-64218072）

责任编辑：刘玉洁

直销客服：010-64515210

总 发 行：中国商务出版社发行部　（010-64208388　64515150 ）

网购零售：中国商务出版社淘宝店　（010-64286917）

网　　　址：http://www.cctpress.com

网　　　店：https://shop162373850.taobao.com

邮　　　箱：295402859@qq.com

排　　　版：北京宏进时代出版策划有限公司

印　　　刷：廊坊市广阳区九洲印刷厂

开　　　本：787毫米×1092 毫米 1/16

印　　　张：10.75　　　　　　　　　　字　数：235千字

版　　　次：2023年1月第1版　　　　　印　次：2023年1月第1次印刷

书　　　号：ISBN 978-7-5103-4394-0

定　　　价：63.00元

前　言

　　在我国经济与社会不断发展的今天，事业单位对于财务管理的优化改进已不仅仅是体制的要求，对于其自身更好地发挥职能并服务于社会也是迫在眉睫之事。财务管理工作是事业单位的工作重点，其是事业单位各方面事务及活动进行的基础保障。因此，财务管理水平的高低很大程度上直接关系着事业单位各部门是否能做好自身工作。随着事业单位的改革，财务管理的难度不断提升，因此事业单位的财务管理还有很长的路要走，事业单位强化财务管理和预算管理，进一步完善会计体系，对于会计信息准确性和财务报告完整性意义重大。

　　我国的经济发展达到了前所未有的新高度，市场经济高度繁荣，国际经济蓬勃发展，在该形势下行政事业单位财务管理面临新的机遇与挑战，现阶段我国的行政事业单位财务管理工作还比较混乱，各行政事业单位没有充分认识到完善行政事业单位财务管理运行机制的重要性，在人员与资金的管理、部门之间的相互协作、与上下级的沟通协调方面还存在着许多问题。本节将探讨行政事业单位财务管理中存在的问题，分析解决行政事业单位财务管理问题的意义，并提出解决行政事业单位财务管理问题的对策。

　　行政事业单位作为体制内的单位，服务对象为广大人民群众，因此行政事业单位工作人员更要做好自己的工作，获得人民的认可。虽然行政事业单位财务管理工作的重要性还没有被广泛认识，但是其却有不可替代的作用。对于建立一个风气良好、充满活力的社会，行政事业单位财务管理工作的意义重大。做好行政事业单位财务管理工作，合理利用行政事业单位资金，发挥行政事业单位职能还需要我们共同努力。

　　为了提升本书的学术性与严谨性，在撰写过程中，笔者参阅了大量的文献资料，引用了诸多专家学者的研究成果，因篇幅有限，不能一一列举，在此一并表示最诚挚的感谢。由于时间仓促，加之笔者水平有限，在撰写过程中难免存在不足，希望各位读者不吝赐教，提出宝贵的意见，以便笔者在今后的学习中加以改进。

目　　录

第一章　财务管理总论

第一节　财务管理的含义

一、财务

财务泛指财务活动和财务关系。财务活动是财务的形式特征，财务关系是财务的内容本质。

（一）财务活动

财务活动指事业单位再生产过程中的资金运动，即筹集、运用和分配资金的活动。在社会主义市场经济的条件下，事业单位生产的产品是商品，既是商品必然具有使用价值和价值的二重性。与此相适应，事业单位再生产过程也同样具有二重性，它既是使用价值的生产和交换过程，又是价值的形成和实现过程。因此，对事业单位再生产过程不仅要通过实物数量和劳动时间组织核算和管理，还必须借助价值形式进行核算和管理。由于存在对价值形式的利用，在组织生产和进行分配与交换的过程中，就必然存在着筹集、运用和分配资金的活动，它们是事业单位经济活动的一个独立部分，构成事业单位的财务活动。

1. 筹集资金

筹集资金是指事业单位遵照国家法律和政策的要求，从不同渠道，用各种方式，经济有效地筹措和集中生产经营事业单位发展所需资金的活动。它是事业单位进行生产经营活动的前提，也是资金运动的起点。在我国社会主义市场经济条件下，资金的筹集方式具有多样性，事业单位既可以发行股票、债券，也可以吸收直接投资或从金融机构借入资金。无论何种形式获得的资金，事业单位都需要为筹资付出代价，如此因筹集资金所发生的资金流入和流出，便形成了事业单位的一项重要的、经常性的财务活动。

2. 运用资金

运用资金是指事业单位将筹集获得的资金转化为内部营运和投放。内部营运表现为购买材料、商品、支付工资和其他费用及销售商品收回资金的资金收支活动；投放表现为购置资产、对外投资的资金支出和收回以及事业单位对内投资所形成的资产变卖和收回。不论是营运资金还是投放资金，都是事业单位运用资金引起的财务活动。

3. 分配资金

分配资金是指事业单位通过资金的营运和投放，对取得的各种收入在扣除各种成本费用、税金后的收益进行分配的活动。该活动可以以投资人收益或事业单位留存方式进行。事业单位在生产经营过程中形成的经营成果和收益在分配中所发生的资金收入和退出，同样也是财务活动。

（二）财务关系

财务关系是指事业单位在组织财务活动的过程中与有关方面发生的经济关系。主要表现在以下几个方面：

1. 事业单位与国家之间的财务关系

事业单位与国家之间的财务关系具有双重性的特征。一方面，国家作为社会管理者要以税收的形式无偿地取得一部分纯收入，以维持国家机器正常运转，保证其职能的履行。事业单位应遵守国家税法的规定，及时、足额向国家税务机关缴纳各种税款；另一方面，国家作为国有资产所有者，有权与其他所有者一样参与事业单位税后利润的分配。

2. 事业单位与所有者之间的财务关系

事业单位的所有者向事业单位投入资金，形成事业单位的所有者权益，包括国家资本金、法人资本金、个人资本金和外商资本金[1]。事业单位的所有者应按照出资比例或合同、章程的规定履行出资义务，事业单位实现利润后，则应定期向所有者分配利润。

3. 事业单位与债权人、债务人之间的财务关系

现代事业单位往来结算频繁，债权、债务关系复杂，有的是事业单位与金融机构的关系，有的是事业单位与事业单位的关系，或是事业单位与个人的关系。事业单位必须合理调度资金，恪守信用，如期履行付款义务。同时，债务人必须依法按时偿还债务，务必使双方按照合约办事，促进社会主义市场经济的健康发展。

4. 事业单位与内部各单位之间的财务关系

在事业单位内部实行经济核算制的条件下，事业单位内部各部门之间，在相互提供产品、材料或劳务时，也要进行内部计价结算，以明确各自的经济责任，从而体现事业单位内部的责权关系。

---

① 长青，吴林飞，孔令辉，崔玉英. 事业单位精益财务管理模式研究——以神东煤炭集团财务管理为例 [J]. 管理案例研究与评论，2014，7（2）：162-172.

5. 事业单位与职工之间的财务关系

在现阶段事业单位应根据工资分配原则支付职工应得的报酬，以体现按劳分配的关系。随着知识经济时代的到来，事业单位与职工之间财务关系的内涵必然会延伸，知识资本的所有者（职工和管理者）同其他资本所有者一样，还应参与税后利润的分配。

二、财务管理

（一）财务管理的含义

综上所述，财务管理的含义可以概括为：财务管理是基于事业单位再生产过程中客观存在的财务活动和财务关系产生的，它是利用价值形式对事业单位再生产过程进行的管理，是组织财务活动、处理财务关系的一项综合性管理工作。

（二）财务管理的特点

财务管理和事业单位其他各项管理的根本区别在于，它是一种价值管理。正基于此，财务管理具有以下特点：

1. 涉及面广

财务管理与事业单位的各个方面具有广泛的联系。事业单位购、产、销、运、技术、设备、人事、行政等各部门业务活动的进行，无不伴随着事业单位资金的收支，财务管理的触角必然要伸向事业单位生产经营的各个角落。每个部门都会通过资金的收付，与财务管理部门发生联系，并接受其指导和制约。

2. 灵敏度高

财务管理能迅速提供反映生产经营状况的财务信息。事业单位的财务状况是经常变动的，具有很强的敏感性。各种经济业务的发生，特别是经营决策的得失，经营行为的成败，都会及时在财务状况中表现出来[1]。成品资金居高不下，往往反映产品不适销对路；资金周转不灵，往往反映销售货款未及时收取，并会带来不能按期偿还债务的后果。财务管理部门通过向事业单位经理人员提供财务状况信息，可以协助事业单位领导适时控制和调整各项生产经营活动。

3. 综合性强

财务管理以资金、成本、收入和利润等价值指标综合反映事业单位生产经营的物质条件，生产经营中的耗费和收回，生产经营的成果及其分配等情况，并据此及时了解事业单位再生产活动中各种要素的增减变动及存在的问题，从而加强财务监督，促进事业单位改善生产经营管理。

---

① 赵建凤.上市公司股权结构对内部控制有效性的影响研究[D].北京:首都经济贸易大学,2013.

（三）财务管理的内容

财务管理的内容是由事业单位资金运动的内容决定的。它具体包括：

①筹资管理；②资金结构管理；③流动资产管理；④固定资产和无形资产管理；⑤投资管理；⑥收入管理；⑦利润管理。

此外，还包括财务管理的价值观念以及财务控制、财务分析等其他内容。

（四）财务管理的作用

财务管理的基本点是在社会主义市场经济条件下，按照资金运动的客观规律，对事业单位的资金运动及其引起的财务关系进行有效的管理。因此，它对事业单位经营目标的实现起着重要的、不可代替的作用。

1. 资金保证作用

资金是事业单位生产经营活动的"血液"，没有资金或资金不足，生产经营活动就无法进行或不能顺利进行，财务管理可以运用其特有的筹资功能，经常有效地筹集足额资金，保证事业单位生产经营的正常需要和满足事业单位发展的需要。

2. 控制协调作用

现代事业单位作为一个市场主体，是一个极其复杂的人造系统。要想使其在激烈的市场竞争中立于不败之地，运用自如地应对各种挑战，并取得长足发展，必须控制协调诸要素，使事业单位的再生产过程有序运行，而控制协调是财务管理的一项重要职能。因此只有强化财务管理，通过制定事业单位内部财务管理制度、编制财务预算、运用资金指标分解等办法，从制度和指标上具体规定各级、各部门的权责，才能及时发现并纠正存在的问题，改进工作，规范财务行为，提高经济效益。

3. 综合反映作用

财务管理既是利用价值形式对事业单位再生产过程进行的管理，就必然导致事业单位生产经营的过程和结果、各项专业管理的工作业绩和存在的问题，最终都将直接或间接地通过财务管理综合地反映出来。这样不仅可以借助财务指标提供的信息，及时发现生产经营活动中的得失、利弊，还可以通过对财务指标的分析和评价，总结经验教训，以便有针对性地采取有效措施予以纠正和改进，不断提高财务管理水平以及事业单位管理水平。

三、财务管理的发展

（一）财务学的三大分支

在现代世界里，不管是公共的还是私有的，都要依靠货币来运行，货币触及我们所做的每一件事。我们从表面上看不到一幢建筑物、一套设备等具体投资形式背后的融资活动，但是它的确存在，投资与融资都与货币有关。简单地说，财务是从事与货币有关的活动。财务学研究的领域是比较广泛的，具体包括三大分支：

（1）宏观财务学，主要研究国家和区域乃至全球范围内的资金流动和运作规律，包括货币学、财政金融学等。其中金融市场学是其最主要的组成部分之一。

（2）投资学，主要研究证券及其投资组合，投资决策、分析与评价。一般而言，投资可以划分为实产投资（直接投资）和证券投资（间接投资）。

（3）公司理财学又称事业单位财务学或管理财务学，也有称事业单位财务管理或公司财务学的，主要研究与事业单位的投资、筹资的财务决策有关的理论与方法及日常管理，包括战略、计划、分析与控制等。

（二）财务管理的发展

在 20 世纪初以前，公司财务管理一直被认为是微观经济理论的应用学科，是经济学的一个分支。直到 1897 年托马斯·格森纳（Thomal Greene）出版了《公司财务》一书后，公司财务管理才逐步从微观经济学中分离出来，成为一门独立的学科，其发展大致经历了如下几个阶段。

1. 初创期（20 世纪初至 30 年代以前）

这一时期西方发达的工业化国家先后进入垄断阶段，随着经济和科学技术的发展，新行业大量涌现，事业单位需要筹集更多的资金来扩大规模，拓展经营领域。因此，这一阶段公司财务管理的注意力集中在如何利用普通股、债券和其他有价证券来筹集资金，主要研究财务制度和立法原则等问题。

2. 调整期（20 世纪 30 年代）

20 世纪 20 年代末开始的经济危机造成大量事业单位倒闭，股价暴跌，事业单位生产不景气，资产变现能力差，因而公司理财学的重点转向如何维持事业单位的生存上，如事业单位资产的保值、变现能力、破产、清算以及合并与重组等。这一时期国家加强了对微观经济活动的干预，如美国政府分别于 1933 年和 1934 年颁布了《证券法》和《证券交易法》，要求事业单位公布财务信息。这对公司财务管理的发展起了巨大的推动作用。

以上两个阶段，公司财务管理研究的共同特点是描述性的，即侧重于事业单位现状的归纳和解释，同时从事业单位的外部利益者（如债权人）的角度来研究财务问题，注重对有关财务法规的研究。

3. 过渡时期（20 世纪 40 年代到 50 年代）

这一阶段，公司财务管理的研究方法逐渐由描述性转向分析性，从事业单位内部决策的角度，围绕事业单位利润、股票价值最大化来研究财务问题，并把一些财务模型引入财务管理中。同时，投资项目选择方法的出现使事业单位开始注意资本的合理运用。另外，这一阶段的研究领域也扩展到现金和存货管理、资本结构和股息策略等问题。

4. 成熟期（20 世纪 50 年代后期至 70 年代）

这一时期是西方经济发展的黄金时期，随着第三次科技革命的兴起和发展，财务管理中应用了电子计算机等先进的方法和手段，财务分析方法向精确化发展，开始了对风险和回报率的关系和资本结构等重大问题的研究，取得了一些重要成果，研究方法也从定性向定量转化，如这一阶段出现了"投资组合理论""资本市场理论""资本资产定价模型"及"期权价格模型"等。

1990 年 10 月 16 日，瑞典皇家科学院决定将该年度的诺贝尔经济学奖授予三名美国经济学家马考维茨（H.M.Markowitz）、夏普（W.F.Sharpe）和米勒（M.MMiler），以表彰他们将现代应用经济理论用于公司和金融市场研究及在建立金融市场和股票价格理论方面所做的开拓性工作。随后不久，美国哈佛大学教授默顿（R.C.Merton）和斯坦福大学教授斯科尔斯（M.S.Scholes）因创立如何估价股票期权交易和其他金融衍生工具的复杂理论，在金融经济学开创了新的研究领域，获得 1997 年的诺贝尔经济学奖。以上几名财务学家对财务学所做出的杰出贡献，都是在 20 世纪 50 年代后期至 70 年代这一时期完成的。

5. 深化时期（20 世纪 80 年代至今）

这一阶段财务管理研究的中心问题有：

（1）通货膨胀及其对利率的影响。

（2）政府对金融机构放松控制以及由专业金融机构向多元化金融服务公司转化问题。

（3）电子通信技术在信息传输中和电子计算机在财务决策中的大量应用。

（4）资本市场上新的融资工具的出现，如衍生金融工具和垃圾债券，等等。

由于以上条件的变化已对财务决策产生了重大影响，加剧了公司所面临的不确定性，因此市场需求、产品价格以及成本的预测变得更加困难，这些不确定性的存在使公司财务管理的理论和实践都发生了显著变化。

总之，公司财务管理已从描述性转向严格的分析和实证研究；从单纯的筹资发展到财务决策的一整套理论和方法，已形成独立、完整的学科体系。今天，财务人员的作用已与 20 年前大不相同。可以预言，公司财务管理必将不断深入发展，其内容日趋复杂，范围逐渐扩大，手段和方法更加科学。

第二节　财务管理的目标

财务管理目标是事业单位在特定的理财环境中，通过组织财务活动、处理财务关系要达到的目的。合理确定事业单位财务管理的目标，是进行财务管理工作的前提。财务管理是事业单位管理的一部分，从根本上说，事业单位的财务目标取决于事业单位生存目的或事业单位目标。

一、事业单位目标及对财务管理的要求

事业单位是依法设立的、以营利为目的的经济组织，其目标可以概括为生存、发展和获利。

（一）生存

市场具有选择性和风险性，事业单位在市场中生存下去的基本条件是以收抵支和到期偿债。

任何事业单位的出发点和归宿都是获利，生存是事业单位获利的首要条件。事业单位生存的基本条件是以收抵支，也就是说，事业单位在一定的经营期间所取得的收入要能补偿所耗费的各项生产要素的价值（即成本费用）；或者说事业单位在一定的经营期间所产生的现金流入量至少要等于现金流出量。否则，事业单位就会萎缩，甚至会导致事业单位经营难以为继。

事业单位生存的另一个基本条件是到期偿还债务。事业单位常常会因资金周转困难而举债，甚至出于扩大业务规模以及负债经营的考虑盲目扩大负债规模，这都有可能造成事业单位因无法偿还到期的债务而难以正常经营下去甚至倒闭。

可见，事业单位的生存主要面临两方面的威胁：一是长期亏损，它是事业单位终止的内在原因；二是不能偿还到期的债务，这是事业单位终止的直接原因。这就要求事业单位保持以收抵支和偿还到期债务的能力，减少破产的风险，从而能够长期、稳定地生存下去。

（二）发展

事业单位必须在发展中求生存，要发展就必须提升竞争力，而事业单位的发展集中表现为盈利能力的增强。因此，事业单位必须不断更新设备、技术和工艺，改进管理，提高产品质量，不断推出更好、更新的产品，扩大产品销售量，努力增加事业单位的销售收入。这就要求事业单位能够及时、足额筹集到其发展所需要的资金。

（三）获利

获利是事业单位生存的根本目的，获利就是超过事业单位投资额的回报。因此，事业单位在通过发展不断扩大收入的同时，必须减少资金耗费，合理有效地使用资金，提高资产利用率。

综上所述，获利是事业单位的出发点和归宿；事业单位必须生存下去才可能获利；事业单位只有不断发展才能求得生存。

二、财务管理目标的几种观点

财务管理是事业单位管理的组成部分，事业单位的一切管理工作都是围绕着事业单位的目标进行的，因此，财务管理的目标是由事业单位的目标所决定的。同时，整个社会经济体制、经济模式和事业单位所采用的组织制度，也在很大程度上决定事业单位财务目标的取向。根据现代事业单位财务管理理论和实践，最具有代表性的财务管理目标包括以下几种观点：

（一）利润最大化

利润最大化观点，是假定在事业单位的投资预期收益确定的情况下，财务管理行为将朝着有利于事业单位利润最大化的方向发展。这种观点认为，利润代表了事业单位所创造的财富，利润越多，说明事业单位的财富增加得越多，越接近事业单位的目标。赚取利润是事业单位经营和发展的基本条件，事业单位只有盈利才能满足各利益相关者的基本利益要求，因此，事业单位应以利润最大化作为其财务管理的目标。

以利润最大化作为事业单位财务管理的目标，具有一定的合理性：①人类从事生产经营活动的目的是创造更多的剩余产品，在商品经济条件下，剩余产品的多少则可以用利润的多少来衡量[①]。②利润最大化有利于资源的合理配置。在自由竞争的资本市场中，资本的使用权最终将属于获利最大的事业单位。③从社会角度来看，只有每个事业单位都最大限度地获得利润，整个社会财富才可能实现最大化，才能带来社会的进步和发展。④事业单位追求利润最大化，就必须讲求经济核算，加强管理，这有利于经济效益的提高。

事业单位以利润最大化作为财务管理的目标存在以下几方面的缺陷：①利润最大化不能区分不同时间的报酬，没有考虑资金的时间价值。②利润最大化没有反映所获利润和投入资本之间的关系，不利于不同规模的事业单位或同一事业单位的不同时期之间的比较。③利润最大化没能考虑风险问题。事业单位为追求利润最大化往往很少考虑风险因素，由此很容易导致事业单位为了追求高利润而不顾风险的大小，致使事业单位所获得的利润与所冒的风险不相配，甚至出现得不偿失的情况。④利润最大化

① 段世芳. 新会计制度下财务管理模式探讨 [J]. 事业单位经济，2013，32（3）：181-184.

往往会导致事业单位财务决策的短期行为，造成事业单位为了眼前利益，而不顾事业单位的长远发展。如忽视新产品的开发、技术设备的更新、人才资源的投资及社会责任的履行等。

由此可见，将利润最大化作为事业单位财务管理的目标，只是对经济效益的浅层次的认识，存在一定的片面性。所以，现代财务管理理论认为，利润最大化并不是财务管理的最优目标。

（二）股东财富最大化

股东财富最大化，是指事业单位通过财务上的合理经营，为股东带来最多的财富。在股份制公司，股东的财富就由其所拥有的股票数量和股票的市场价格来决定，当股票数量一定时，股票价格达到最高，就能使股东财富达到最大。所以，股东财富最大化又可以理解为股票价格最大化。

以股东财富最大化作为财务管理的目标有积极的意义：①股东财富最大化目标考虑了风险因素，因为风险的高低会对股票价格产生重要影响。②股东财富最大化在一定程度上能够克服事业单位在追求利润上的短期行为。事业单位只有从整体上考虑其经营策略，兼顾短期和长期的收益，做出最佳的财务决策，才能实现股票价格最大化。③股东财富最大化目标比较容易量化，可直接根据股票数量和股票市场价格计量股东财富的多少，便于公司进行分析和考核。

事业单位以股东财富最大化作为财务管理的目标存在以下缺陷：①股东财富最大化只适用于上市公司，对非上市公司则很难适用。②股东财富最大化强调了股东利益最大，而对事业单位其他利益相关者的利益重视不够，片面追求股东财富的增大可能导致其他利益相关者的收益下降。③股票价格受多种因素影响，并非都是公司所能控制的，而将不可控因素纳入财务管理目标存在一定的不合理性。

尽管股东财富最大化存在上述缺点，但如果一个国家的证券市场高度发达，市场效率极高，上市公司便可以把股东财富最大化作为财务管理的目标。

（三）事业单位价值最大化

现代事业单位理论认为，事业单位是多边契约关系的总和，或者说它是由各利益相关者通过契约形成的联合体。事业单位的股东、债权人、经理阶层、一般职工等等都是事业单位收益的贡献者，对事业单位的发展起着重要的作用，他们也应该是事业单位收益的分享者。但他们的利益在事业单位中既有一致性又有矛盾，从事业单位长远发展来看，如果试图通过损伤一方利益而使另一方获利，必然会导致矛盾冲突，出现诸如职工罢工、债权人拒绝提供贷款、股东抛售股票、税务机关罚款等现象，这些都不利于事业单位的发展，只有在协调和满足各方利益要求的前提下，事业单位才能不断发展。从这个意义上说，不能将财务管理的目标仅仅归结为某一利益集团的目标，因此，股东财富最大化不是财务管理的最优目标。从理论上来讲，各个利益集团的目标都可以折中为事业单位长期稳定发展和事业单位总价值的不断增长，各个利益集团都可以借此来实现他们的最终目的。所以，以事业单位价值最大化作为财务管理的目标，比以股东财富最大化作为财务管理目标更科学。

事业单位价值最大化，是指通过事业单位财务上的合理经营，采用最优的财务政策，充分考虑资金的时间价值和风险与报酬的关系，在保证事业单位长期稳定发展的基础上使事业单位总价值达到最大。这一观点的基本思想是，将事业单位长期稳定的发展和持续的获利能力放在首位，强调在事业单位价值增长中满足各方利益。事业单位价值不是账面资产的总价值，而是事业单位全部财产的市场价值，它反映了事业单位潜在或预期获利能力。投资者在评价事业单位价值时，是以投资者预期投资时间为起点，并将未来收入按预期投资时间的同一口径进行折现，未来收入的多少按可能实现的概率进行计算。可见，这种计算办法考虑了资金的时间价值和风险问题。事业单位所得的收益越多，实现收益的时间越近，应得的报酬越是确定，事业单位的价值越大。

以事业单位价值最大化作为财务管理目标的积极意义可概括为以下几个方面：①价值最大化目标克服了股东财富最大化目标片面追求股东财富的缺陷，在追求股东财富增大的同时，兼顾了其他利益相关者的利益，可保证事业单位协调稳定地发展。②价值最大化目标考虑了资金的时间价值和投资的风险价值，强调事业单位长期稳定的发展，兼顾了风险和收益的均衡，考虑了风险对事业单位价值的影响。③价值最大化目标能克服事业单位在追求利润上的短期行为，因为不仅目前的利润会影响事业单位的价值，未来的预期利润对事业单位价值的影响所起的作用更大。进行事业单位财务管理，就是要正确权衡报酬增加与风险增加的得与失，努力实现二者之间的最佳平衡，使事业单位价值达到最大。④价值最大化目标有利于社会资源合理配置。

因此，以事业单位价值最大化作为事业单位财务管理的目标，反映了事业单位经营的本质要求，体现了对经济效益的深层次认识，它是现代财务管理的最优目标。

以事业单位价值最大化作为财务管理的目标也存在以下问题：①对于股票上市事业单位，虽然可以通过股票价格的变动反映事业单位价值，但是股价是多种因素作用的结果，特别在即期市场上的股价不一定能够直接揭示事业单位的获利能力，只有长期趋势才能做到这一点。②为了控股或稳定购销关系，现代事业单位多采用环形持股的方式，相互持股。法人股东对股票市价的敏感程度远不及个人股东，他们对股价最大化目标没有足够的兴趣。③对于非股票上市事业单位，只有对事业单位进行专门的评估才能真正确定其价值。而在评估事业单位的资产时，由于受评估标准和评估方式的影响，这种估价不易做到客观和准确，这也导致难以确定事业单位价值。

三、事业单位财务管理的目标与社会责任

事业单位财务管理的目标是追求事业单位价值最大化，维护利益相关者的利益。但事业单位在追求价值最大化的过程中不能忽视其应承担的社会责任。事业单位对社会应承担的责任包括：保护消费者的权益；向职工支付合理的工资，对职工进行必要的业务技术培训，创造安全的工作环境；保护环境、控制污染、支持公益事业性活动等。事业单位财务管理目标与社会责任是既对立又统一的关系。

事业单位财务管理目标与社会责任的一致性。事业单位要承担的社会责任与其财务目标从实质上或长期看是一致的。理由是，事业单位为了实现财务管理的目标，必须生产或销售适销对路的产品，而适销对路的产品既能够满足社会的需求，也能够体现事业单位的价值；事业单位为了实现财务管理的目标，必须不断改进生产技术手段和经营管理水平，发展和应用高新技术，提高生产力水平，从而带动社会的进步；事业单位为了实现财务管理的目标，就要努力挖掘潜力，增加收入和利润，实现商品的增值，为国家提供更多的税收，壮大国家的财政实力。

事业单位财务管理目标与社会责任的不一致性。从长期看，尽管事业单位要承担的社会责任与其财务目标是一致的，但在具体的或短期的目标上存在诸多矛盾。有时，事业单位会因为承担社会责任而增加支出或费用，减少当期利润，从而影响股东利益和事业单位实力。例如，为了防止环境污染，事业单位就要付出较高的治污费用；为了社会的安定，事业单位必须慎重对待劳务支出，增加失业保险或其他社会保障的费用。此外，事业单位应该承担多少社会责任没有一个明确的标准和界限，这些都会使事业单位的财务管理目标与其社会责任发生矛盾。这些矛盾需要通过商业道德的约束、政府部门的行政管理，以及社会舆论的监督予以协调和解决。

可见，从表面上或短期来看，事业单位履行一定的社会责任可能减少了收益或增加了现金支出，影响了事业单位当前的利润；但从实质上或长期来看，事业单位履行必要的社会责任，是为公司的生存和发展创造条件，也是为了实现公司的财务目标。因此，事业单位实现财务管理的目标与履行相应的社会责任既对立又统一。

四、财务管理目标的协调

现代事业单位是建立在一系列相互联系的契约之上的经济和法律主体，签订契约的各有关方面，形成了事业单位的利益相关者，如事业单位的所有者、债权人、经理、职工、供应商、客户、政府及社会等，这些利益紧密相连的相关者因契约内容的不同而对事业单位的利益要求也不相同。一方面，他们具有共同的目标，即希望事业单位经营成功并不断地发展；另一方面，其利益又存在矛盾和冲突。事业单位财务管理的

目标是事业单位价值最大化，根据这一目标，事业单位只有通过对各利益相关者之间矛盾进行协调，才能最终实现事业单位价值的最大化。在事业单位的多个利益相关者中，事业单位所有者与经营者之间、所有者与债权人之间的矛盾是事业单位中的主要矛盾，因此，如何协调它们之间的矛盾对实现事业单位价值的最大化具有重要的影响，这也是财务管理必须解决的问题。

（一）所有者与经营者之间的矛盾与协调

1. 所有者与经营者之间的矛盾

事业单位的出资人即所有者将资金投向事业单位，委托经营者进行管理，这样，事业单位所有权与经营权的分离，形成了事业单位所有者与经营者之间的委托代理关系。事业单位是所有者即股东的事业单位，所有者因享有剩余收益的索取权而追求股东财富最大化，因此希望经营者努力工作，以实现股东财富最大化目标。从理论上讲，作为代理人的经营者应该为实现股东财富最大化目标而努力工作，但作为享有事业单位的经营权和劳动报酬索取权的经营者，其目标则是自身效用最大化，即他可能更关心个人财富的增长、闲暇时间的增多以及对经营风险的回避等个人利益。这种对个人利益的关心在一定程度上限制了他们为谋求股东财富最大化做的努力，甚至在经营者控制事业单位主要经营活动的情况下，极易产生为了实现个人效用最大化而背离股东利益的问题。这种背离表现在两个方面：逆向选择和道德风险 ①。如在经营者的管理报酬一定的情况下，经营者可能希望得到更多的在职消费；当公司的长期目标与短期目标不一致时，经营者会为了实现其任职期限内的经营目标而不顾长期目标，牺牲公司的长期利益可能直接导致股东财富的减少；当公司面临的风险性决策可能对股东有利时，经营者则有可能为了回避风险而放弃；经营者为了增加自己的闲暇时间，不尽最大努力去工作。

2. 所有者与经营者之间矛盾的协调

实际上，经营者和所有者的主要矛盾就是经营者希望在提高事业单位价值或股东财富的同时，能更多地增加个人效用；而所有者和股东则希望以较小的成本支出带来更高的事业单位价值或股东财富。为了解决这一矛盾，通常是采取让经营者的报酬与绩效相联系的措施，通过事业单位内部和外部合理的约束及激励机制来促使股东和经营者为了共同的目标而努力。

（1）激励。激励是一种将经营者的报酬与其绩效挂钩的办法，激励的依据是公司的经营业绩。激励有两种基本方式：①"股票选择权"方式。它允许经营者以固定的价格购买一定数量的公司股票，股票的价格高于购买的价格越多，经营者所得的报酬就越多，经营者为了获取更大的股票涨价益处，就必然主动采取能够提高股价的行动。

---

① 蒋占华.最新管理会计学 [M].北京：中国财政经济出版社，2014.

②"绩效股"形式。在这种形式下，公司运用每股收益、资产报酬率等指标来评价经营者的业绩，视其业绩大小给予经营者数量不等的股票作为报酬。如果公司的经营业绩未能达到规定目标，经营者也将丧失部分原先持有的"绩效股"。这种方式不仅使经营者为了多得"绩效股"而不断采取措施提高公司的经营业绩，而且经营者为了使每股市价最大化，也会采取各种措施使股票市价稳定上升。将经营者的报酬与公司经营业绩结合起来是目前普遍采取的一种激励方式，这种方式可确保经营者在追求自身利益的同时也增大了股东财富。

（2）解聘。这是一种通过所有者对经营者进行约束的办法。所有者可通过与经营者签订目标合同、审计财务报表以及限制经营者的决策权等，对经营者予以监督，如果经营者得到了必要的报酬补偿仍未能使事业单位价值达到最大，所有者即可采取相应的方式解聘经营者，经营者因担心被解聘而被迫努力工作以实现事业单位财务管理目标。

（3）接收或吞并。这是一种来自资本市场对经营者的约束机制。如果经营者经营决策失误、经营不善而导致股价过低，又未能采取有效措施使事业单位价值提高，该公司很可能被其他的公司强行接收或吞并，经营者也相应地会被解聘。所以，经营者为了避免公司被接收，必须采取一切措施提升公司的经营业绩，提高股票市价。

（二）所有者与债权人之间的矛盾与协调

1. 所有者与债权人之间的矛盾

债权人把资金交给事业单位，其目标是到期收回本金，并获得约定的利息收入；而事业单位的所有者把获得的资金用于经营，然后从税后利润中分配利润。所有者的财务目标可能与债权人期望实现的目标发生矛盾，因为，借款一旦成为事实，债权人就失去了资金控制权，所有者可以为了自身利益通过经营者而伤害债权人的利益。

第一，股东不经债权人的同意，投资比债权人预期风险要高的新项目。所有者可能希望通过投资于高风险项目而获得高收益，但债权人则希望公司收益稳定。若高风险的项目一旦成功，额外的利润就会被所有者独享；但高风险项目投资失败的损失则可能由债权人和股东共同承担，这对债权人来说风险与收益是不对称的。第二，所有者或股东未征得债权人同意，迫使经营者发行新债券或举借新债，致使旧债券的价值降低（因为相应的偿债风险增加），使原有债权人蒙受损失。

2. 所有者与债权人之间矛盾的协调

为协调所有者与债权人之间的矛盾，一般在签订债务契约时增加限制性条款进行约束和协调。通常可采用以下方式：①限制性借款，即在借款合同中加入某些限制性条款，如规定借款的用途、借款的担保条款和借款的信用条件等。②收回借款或不再借款，即当债权人发现公司有侵蚀其债权价值的意图时，采取收回债权或不给予公司重新放款的措施，从而保护自身的权益。

第三节　财务管理的原则

　　财务管理的原则，也称理财原则，是指人们对财务活动共同的、理性的认识。它是联系理论与实务的纽带。财务管理理论是从科学角度对财务管理进行研究的成果，通常包括假设、概念、原理和原则等。财务管理实务是指人们在财务管理工作中使用的原则、程序和方法。理财原则是财务管理理论和实务的结合。

　　对于如何概括理财原则，人们的认识不完全相同。当前，管理学科中最具有代表性的理财原则有自利行为原则、双方交易原则、信号传递原则、引导原则、比较优势原则、净增效益原则、风险—报酬权衡原则、资本市场有效原则和货币时间价值原则。

一、自利行为原则

　　自利行为原则是指人们在进行决策时按照自己的财务利益行事，在其他条件相同的条件下人们会选择对自己经济利益最大的行动。

　　自利行为原则的依据是理性的经济人假设。该假设认为，人们对每一项交易都会衡量其代价和利益，并且会选择对自己最有利的方案来行动。自利行为原则假设事业单位决策人对事业单位目标具有合理的认识程度，并且对如何达到目标具有合理的理解。在这种假设情况下，事业单位会采取对自己最有利的行动。自利行为原则并不认为钱是任何人生活中最重要的东西，或者说钱可以代表一切。问题在于商业交易的目的是获利，在从事商业交易时人们总是为了自身的利益做出选择和决定，否则他们就不必从事商业交易。自利行为原则也并不认为钱以外的东西都是不重要的，而是说在"其他条件都相同时"，所有财务交易集团都会选择对自己经济利益最大的行动。

二、双方交易原则

　　双方交易原则是指每一项交易都至少存在两方，在一方根据自己的经济利益决策时，另一方也会按照自己的经济利益决策行动，并且对方和你一样聪明、勤奋和富有创造力，因此你在决策时要正确预见对方的反应。

　　双方交易原则的建立依据是商业交易至少有两方、交易是"零和博弈"以及各方都是自利的。每一项交易都有一个买方和一个卖方，这是不争的事实。无论是买方市场还是卖方市场，在已经成为事实的交易中，买进的资产和卖出的资产总是一样多。例如，在证券市场上卖出一股就一定有一股买入。既然买入的总量与卖出的总量永远一样多，那么一个人的获利只能以另一个人的付出为基础。一个高的价格使购买人受损而卖方受益；一个低的价格使购买人受益而卖方受损，一方得到的与另一方失去的一样多，从总体上看双方收益之和等于零，故称为"零和博弈"。在"零和博弈"中，双方都按自利行为原则行事，谁都想获利而不是吃亏。那么，为什么还会成交呢？这事实上与人们的信息不对称有关。买卖双方由于信息不对称，对金融证券产生不同的预期。不同的预期导致了证券买卖，高估股票价值的人买进，低估股票价值的人卖出，直到市场价格达到他们一致的预期时交易停止。如果对方不认为对自己有利，他就不会和你成交。因此，在决策时不仅要考虑自利行为原则，还要使对方有利，否则交易就无法实现。除非对方不自利或者很愚蠢，不知道自己的利益是什么，然而，这样估计商业对手本身就不明智。

三、信号传递原则

信号传递原则，是指行动可以传递信息，并且比公司的声明更有说服力。信号传递原则是自利行为原则的延伸。由于人们或公司是遵循自利行为原则的，所以一项资产的买进能暗示出该资产物有所值，买进的行为提供了有关决策者对未来的预期或计划的信息[①]。例如，一个公司决定进入一个新领域，反映出管理者对自己公司的实力以及新领域的未来前景充满信心。

信号传递原则要求根据公司的行为判断它未来的收益状况。例如，一个经常用配股的办法找股东要钱的公司，很可能自身产生现金能力较差；一个大量购买国库券的公司，很可能缺少好的投资机会；内部持股人出售股份，常常是公司盈利能力恶化的重要信号。有时候行动通常比语言更具说服力。这就是通常所说的，"不但要听其言，更要观其行"。

四、引导原则

引导原则是指当所有办法都失败时，寻找一个可以信赖的榜样作为自己的引导。所谓所有办法都失败，是指由于我们的理解力存在局限性，不知道如何做对自己更有利；或者寻找最准确答案的成本过高，以至于不值得把问题完全搞清楚。在这种情况下，不要继续坚持采用正式的决策分析程序，包括收集信息、建立备选方案、采用模型评价方案等，而是直接模仿成功榜样或者大多数人的做法。例如，你在一个自己从未到过的城市寻找一个就餐的饭馆，不值得或者没时间调查每个饭馆的有关信息，你应当找一个顾客较多的饭馆去就餐。你不要去顾客很少的地方，那里不是价格很贵就是服

---

① 邓瑜.制造型事业单位财务内控管理中存在的常见问题与解决措施[J].事业单位改革与管理，2017，11（17）：182+206.

务很差[①]。

不要把引导原则混同于盲目模仿。它只在两种情况下适用：一是理解存在局限性，认识能力有限，找不到最优的解决办法；二是寻找最优方案的成本过高。在这种情况下，跟随值得信任的人或者大多数人才是有利的。引导原则不会帮你找到最好的方案，却常常可以使你避免采取最差的行动。它是一个次优化准则，其最好结果是得出近似最优的结论，最差的结果是模仿了别人的错误。这一原则虽然有潜在的问题，但是我们经常会遇到理解力、成本或信息受到限制的情况，无法找到最优方案，需要采用引导原则解决问题。

五、比较优势原则

比较优势原则是指专长能创造价值。在市场上要想赚钱，必须发挥你的专长。大家都想赚钱，你凭什么能赚到钱？你必须在某一方面比别人强，并依靠你的强项来赚钱。没有比较优势的人，很难取得超出平均水平的收入；没有比较优势的事业单位，很难增加股东财富。

比较优势原则的依据是分工理论。让每一个人去做最适合他做的工作，让每一个事业单位生产最适合它生产的产品，社会的经济效率才会提高。

比较优势原则的一个应用是"人尽其才、物尽其用"。在有效的市场中，你不必要求自己什么都做得最好，但要知道谁能做得最好。对于某一件事情，如果有人比你自己做得更好，就支付报酬让他代你去做。同时，你去做比别人做得更好的事情，让别人给你支付报酬。如果每个人都去做能够做得最好的事情，每项工作就找到了最称职的人，就会产生经济效率。每个事业单位要做自己能做得最好的事情，一个国家的效率就提高了。正如国际贸易的基础，就是每个国家生产它最能有效生产的产品和劳务，这样可以使每个国家都受益。

六、净增效益原则

净增效益原则是指财务决策建立在净增效益的基础上，一项决策的价值取决于它和替代方案相比所增加的净收益。

一项决策的优劣，是与其他可替代方案（包括维持现状而不采取行动）相比较而言的。如果一个方案的净收益大于替代方案，我们就认为它是一个比替代方案好的决策，其价值是增加的净收益。在财务决策中净收益通常用现金流量计量，一个方案的净收益是指该方案现金流入减去现金流出的余额，也称为现金流量净额。一个方案的

---

① 欧阳征，陈博宇，邓单月.大数据时代下事业单位财务管理的创新研究[J].事业单位技术开发，2015，34（10）：83-85.

现金流入是指该方案引起的现金流入量的增加额；一个方案的现金流出是指该方案引起的现金流出量的增加额。方案引起的增加额，是指这些现金流量依存于特定方案，如果不采纳该方案就不会发生这些现金流入和流出。

七、风险——报酬权衡原则

风险——报酬权衡原则是指风险和报酬之间存在一个对等关系，投资人必须对报酬和风险做出权衡，为追求较高报酬而承担较大风险，或者为减少风险而接受较低的报酬。所谓对等关系，是指高收益的投资机会必然伴随巨大风险，风险小的投资机会必然只有较低的收益。

在财务交易中，当其他一切条件相同时人们倾向于高报酬和低风险。如果两个投资机会除了报酬不同以外，其他条件（包括风险）都相同，人们会选择报酬较高的投资机会，这是自利行为原则所决定的。如果两个投资机会除了风险不同以外，其他条件（包括报酬）都相同，人们会选择风险小的投资机会，这是风险反感决定的。所谓风险反感是指人们普遍对风险有反感，认为风险是不利的事情。肯定的 1 元钱，其经济价值要大于不肯定的 1 元钱。

如果人们都倾向于高报酬和低风险，而且都在按照他们自己的经济利益行事，那么竞争结果就产生了风险和报酬之间的权衡。你不可能在低风险的同时获取高报酬，因为这是每个人都想得到的。即使你最先发现了这样的机会并率先行动，别人也会迅速跟进，竞争会使报酬率降至与风险相当的水平。因此，现实的市场中只有高风险同时高报酬和低风险同时低报酬的投资机会。

如果你想有一个获得巨大收益的机会，你就必须冒可能遭受巨大损失的风险，每一个市场参与者都在他的风险和报酬之间作权衡。有的人偏好高风险、高报酬，有的人偏好低风险、低报酬，但是每个人都要求风险与报酬对等，不会去冒没有价值的风险。

八、资本市场有效原则

资本市场是指证券买卖的市场。资本市场有效原则，是指在资本市场上频繁交易的金融资产的市场价格反映了所有可获得的信息，而且面对新信息完全能迅速做出调整。

市场有效性原则要求理财时慎重使用金融工具。如果资本市场是有效的，购买或出售金融工具的净现值就为零（价值与价格相等）。公司作为从资本市场上取得资金的一方，很难通过筹资获取正的净现值（增加股东财富）。公司的生产经营性投资带来的竞争，是在少数公司之间展开的，竞争不充分。一个公司，因为它有专利权、专有技术、良好的商誉、较大的市场份额等相对优势，可以在某些直接投资中取得正的净现值。

资本市场与商品市场不同，其竞争程度高、交易规模大、交易费用低、资产具有同质性，因此其有效性比商品市场要高得多。所有需要资本的公司都在寻找资本成本低的资金来源，大家都平起平坐。机会均等的竞争，使财务交易基本上是公平交易。在资本市场上，只获得与投资风险相称的报酬，也就是与资本成本相同的报酬，很难增加股东财富。

九、货币时间价值原则

货币时间价值原则，是指在进行财务计量时要考虑货币时间价值因素。货币的时间价值是指货币在经过一定时间的投资和再投资所增加的价值。

货币时间价值原则的首要应用是现值概念。由于现在的 1 元货币比将来的 1 元货币经济价值大，不同时间的货币价值不能直接加减运算，需要进行折算。通常，要把不同时间的货币价值折算到"现在"时点，然后进行运算或比较。把不同时点的货币折算为"现在"时点的过程，称为折现，折现使用的百分率称为折现率，折现后的价值称为现值。财务估价中，广泛使用现值计量资产的价值。

货币时间价值的另一个重要应用是"早收晚付"观念。对于不附带利息的货币收支，与其晚收不如早收，与其早付不如晚付。货币在自己手上，可以立即用于消费而不必等待将来消费，可以投资获利而无损于原来的价值，可以用于预料不到的支付，因此早收、晚付在经济上是有利的。

第四节　财务管理的方法

财务管理方法是为了实现财务管理目标，完成财务管理任务，在进行财务活动时采用的各种技术和手段。财务管理方法有很多，可按多种标准进行分类：

（1）根据财务管理的具体内容，可以分为资金筹集方法、投资管理方法、营运资金管理方法、利润及其分配管理方法；

（2）根据财务管理方法的特点，可分为定性财务管理方法和定量财务管理方法；

（3）根据财务管理的环节，可分为财务预测方法、财务决策方法、财务计划方法、财务控制方法和财务分析方法。

下面就以财务管理环节为依据，阐述各种财务管理方法及其相互之间的关系。

一、财务预测

财务预测是财务人员根据历史资料，依据现实条件，运用特定的方法对事业单位未来的财务活动和财务成果所做出的科学预计和测算。

只有对事业单位未来的财务状况进行科学预测，才能在此基础上做出科学的财务决策，编制出切实可行的财务计划。因此，财务预测是财务决策的基础，是编制财务计划的前提。

财务预测工作通常包括以下四个具体步骤：

（1）要明确预测目的，只有目的明确才能有针对性地搜集资料，采取相应的方法进行预测；

（2）要收集和整理相关资料，必须根据预测目的搜集相关资料，并进行归类、汇总、调整，以便利用这些资料进行科学预测；

（3）建立适当的预测模型，以进行科学预测；

（4）利用预测模型，进行预测，提出预测值。

财务预测方法很多，具体可以分为两大类：一类是定性预测方法，即利用相关资料，依靠个人经验的主观判断和综合分析能力，对事物未来的状况和趋势做出预测的方法；另一类是定量预测方法，即根据变量之间存在的数量关系建立数学模型来进行预测的方法，包括趋势预测法和因果预测法等[①]。趋势预测法是按时间顺序排列历史资料，根据事物发展的连续性来进行预测的一种方法，又称为时间序列预测法；因果预测法是根据历史资料，通过分析寻找出影响预测因素的其他相关因素，并确定两者的因果关系，建立数学模型来进行预测的方法。

二、财务决策

财务决策是指财务人员按照财务目标的总体要求，采用专门方法对各种备选方案进行比较分析，并从中选出最佳方案的过程。管理的核心是决策，财务决策是财务管理的核心。

财务决策通常包括以下几个具体步骤：

（1）确定决策目标；

（2）设计并提出备选方案；

（3）分析比较各种方案，选择最佳方案。

常见的财务决策方法包括以下方面内容：

（1）优选对比法是把各种不同方案排列在一起，按其经济效益的好坏进行优选对比，进而做出决策的方法。优选对比法是财务决策的基本方法。优选对比法按其对比方式的不同，又可分为总量对比法、差量对比法、指标对比法等。

---

① 梁银婉.商业银行财务会计内控管理中存在的问题与优化 [J]. 时代金融，2017，27（20）：126.

①总量对比法。总量对比法是将不同方案的总收入、总成本或总利润进行对比，以确定最佳方案的一种方法。

②差量对比法。差量对比法是将不同方案的预期收入之间的差额与预期成本之间的差额进行比较，求出差量利润，进而做出决策的方法。

③指标对比法。指标对比法是把反映不同方案经济效益的指标进行对比，以确定最优方案的方法。例如，在进行长期投资决策时，可把不同投资方案的净现值、内含报酬率、现值指数等指标进行对比，从而选择最优方案。

（2）线性规划法，是根据运筹学的原理，对具有线性联系的极值问题进行求解，进而确定最优方案的方法。

（3）微分法，是根据边际分析原理，运用数学上的微分方法，对具有曲线联系的极值问题进行求解，进而确定最优方案的方法。在用数学微分法进行决策时，凡以成本为判别标准，一般是求极小值；凡以收入或利润为判别标准时，一般是求极大值。在财务决策中，最优资本结构决策、现金最佳余额决策、存货的经济批量决策都要用到数学微分法。

（4）决策树法，是风险决策的主要方法。决策面对的是未来，如果一个方案未来可能出现几种结果，并且各种结果及其概率可以预知，这种决策便是风险决策。风险决策必须用概率计算各个方案的期望值和标准离差，并把各个概率分枝用树形图表示出来，因此，风险决策又称之为决策树法。

（5）损益决策法，它包括最大最小收益值法和最小最大后悔值法，是不确定性决策中的一种主要方法。如果一个方案未来可能出现几种结果，但各种结果发生的概率是不可预知的，这种决策便是不确定性决策。最大最小收益值法又称小中取大法，是把各个方案的最小收益值都计算出来，然后取其最大值。最小最大后悔值法又称大中取小法，是把各个方案的最大损失值都计算出来，然后取其最小值。

决策者作为理性的人或经济的人，选择方案的一般原则应当是选择"最优"方案，但由于决策者在认识能力和时间、成本、情报来源等方面的限制，有时不能坚持要求最理想的解答，常常只能满足于"令人满意"的决策。

三、财务计划

财务计划是指运用科学的技术手段和数量方法，对事业单位未来财务活动的内容及指标进行的具体规划，如定额流动资金及其来源计划、成本费用计划、利润计划等。财务计划是以财务决策确定的方案和财务预测提供的信息为基础编制的，是财务预测和财务决策的具体化，是控制财务活动的依据。以货币表示的具体财务计划即为财务预算。

财务计划是财务管理的重要工具。它既是财务管理所希望达到的目标，同时也是财务控制的依据和作为财务分析考核的标准。

财务计划编制的一般程序如下：

（1）根据财务决策的要求，分析主、客观条件，制定出主要的计划指标。

（2）对需要和可能进行协调，组织综合平衡。

（3）运用各种财务计划编制方法，编制财务计划。

财务计划的编制过程就是事业单位根据财务决策的要求，通过综合平衡，确定财务计划指标的过程。确定财务计划指标的具体方法包括平衡法、因素分析法、比例计算法、定额法等。平衡法是指利用有关指标之间的平衡关系来确定预算指标的一种方法，例如，可依据"期初结存＋本期增加－本期减少＝期末结存"的平衡公式，来计算、确定期末存货所占用的资金；因素分析法是根据某些指标的历史发展趋势，结合计划期的变化因素来确定预算指标的一种方法，如可比产品的成本降低额、降低率、管理费用预算等都可以采用这种方法；比例计算法是根据过去已经形成又比较稳定的各项指标之间的比例关系，来确定有关预算指标的一种方法，如依据资产负债率和资产增加额确定负债增加额等；定额法是指在编制财务计划时，以定额作为预算指标的一种方法，又称预算包干法。

财务预算的表现形式有固定预算与弹性预算、增量预算与零基预算、定期预算与滚动预算等。固定预算是对费用项目以计划期一定的业务量水平为基础来确定其预算的金额，固定预算的缺点是每当实际发生的业务量与编制预算时所根据的业务量发生差异时，各费用项目的实际数与预算数就无可比基础。弹性预算是在编制费用预算时，预先估计到计划期间业务量可能发生的变动，编制出一套能适应多种业务量的费用预算，以便反映该业务量在各行应开支的费用水平。增量预算一般都是以基期的各种费用项目的实际开支数为基础，然后结合计划期间可能会使该费用项目发生变动的有关因素，从而确定在计划期应增、减的数额。零基预算是不考虑基期的费用开支水平，而是一切以零为起点，依据各个费用项目的必要性及其开支规模进行预算。定期预算是固定以一年为期的预算，其优点是便于把实际数与预算数进行对比，有利于对预算的执行情况进行分析和评价；其缺点是原来的预算难以适应新的、变化了的情况，容易导致管理人员缺乏长期打算。滚动预算是使预算期永远保持十二个月，每过一个月，立即在期末增列一个月的预算，逐期向后滚动。

四、财务控制

财务控制是在财务管理过程中，以财务预算或财务计划为依据，利用有关信息和手段，对事业单位财务活动进行适时的调节，以确保财务目标的实现。

从财务控制的类型上看，主要有三种方法：

（1）防护性控制，又称排除干扰控制。它是指在财务活动发生前，就通过制定和执行一系列制度和规定，把可能产生的差异或目标的偏离予以排除的一种控制方法。例如，事业单位建立费用开支范围、标准和相应的审批权限等制度，以规范和节约各种费用开支。

（2）前瞻性控制，又称补偿干扰控制。它是指通过对实际财务系统运行的监视，在掌握大量信息的基础上，运用科学方法预测可能出现的偏差，并及时采取一定的预防措施，从而使差异得以消除的一种控制方法。例如，为保持事业单位的偿债能力，应经常注意观察事业单位有关财务比率的现状，如流动比率、速动比率、现金比率和资产负债率等，研究其发展趋势，适时采取具有前瞻性的调整措施，以便这些财务比率经常保持在一个比较合适的水平上。

（3）反馈控制，又称平衡偏差控制。它是通过对实际财务系统运行的监控，当发现实际与预算之间的差异后，认真分析并确定差异产生的原因，采取相关措施，调整实际财务活动或调整财务预算，使差异得以消除或避免今后再出现类似差异的一种控制方法。

在财务控制中，反馈控制是经常使用的控制方法，因为实际财务活动偏离财务预算是事业单位经常发生的现象。这些现象的产生可能源于财务预测或财务决策的偏差，也可能源于有些影响事业单位财务活动的因素事前根本无法预计或无法准确预计。因此，平衡偏差是财务控制中经常要做的一项工作。

从财务控制的过程上看，上述三种方法也可以表述为事前控制、事中控制和事后控制。

五、财务分析

财务分析是根据会计核算信息和其他相关信息，运用特定方法，对事业单位财务活动的过程及其结果进行分析和评价，以进一步获取财务管理信息的一项工作。通过财务分析，可以深入了解和评价事业单位的财务状况、经营成果；掌握事业单位各项财务预算指标的完成情况；查找事业单位管理中存在的问题并提供解决问题的对策。常用的财务分析方法有以下几种：

（1）对比分析法，又称比较分析法。它是将同一指标进行不同方面的对比，以分析和评价事业单位财务状况和经营成果。具体可以采取三种对比的形式：

①实际指标与预算指标的对比，以揭示预算的完成情况；

②同一指标的横向对比，以揭示该事业单位在同行业中所处的地位；

③同一指标的纵向对比，以反映事业单位某一方面的发展趋势。

（2）比率分析法。它是将互相联系的财务指标进行对比，以构成一系列财务比率，用来分析和评价事业单位财务状况和经营成果。

①反映相关关系的比率。在财务分析中，将两个性质不同但又互相联系的指标进行对比，计算比率，用以深入反映事业单位的财务状况、经营成果和管理效率等情况。

②反映构成关系的比率。在财务分析中，经常将总体中的有关组成部分的指标与总体指标进行对比，计算比率，用以深入反映事业单位财务活动中的有关情况。同时，也可以将总体中的各个组成部分，拿出来进行互相对比，用以反映某一总体内部的比例关系①。

③反映对应关系的比率。在财务分析中，将两个不属于同一类，但它们之间存在相互适应和相对平衡等对应关系的指标，进行对比，计算比率，用以反映和评价事业单位某些财务关系的合理性程度。

④反映发展变化的动态比率。它是将同一指标的不同时期的数值进行对比，计算比率，用以反映某些方面的财务活动的动态变化情况和变化程度。

（3）综合分析法。它是结合多种财务指标、综合考虑影响事业单位财务状况和经营成果的各种因素的一种分析方法。事业单位的财务状况和经营成果，是影响事业单位经营的内外部诸多因素共同作用的结果。单一指标和单一因素的分析，有助于了解和评价事业单位财务状况和经营成果的某些侧面；而如果想要比较全面地了解和评价事业单位的财务状况、经营成果，综合分析法就是更合适的选择。综合分析法主要包括财务比率综合分析法和杜邦分析法两种。

六、财务管理各方法之间的关系

财务管理的核心是财务决策。财务预测是为财务决策服务的，是决策和预算的前提；财务决策是在财务预测的基础上做出的；财务预算是财务决策的具体化，是以财务决策确立的方案和财务预测提供的信息为基础编制的，同时它又是控制财务活动的依据；财务控制是落实计划任务，保证财务预算实现的有效措施；财务分析可以掌握各项财务预算的完成情况，评价财务状况，以改善财务预测、决策、计划和控制工作，提高管理水平。分析既是对前期工作的总结和评价，又是对下期工作的经验指导或警示，在财务管理方法中起着承上启下的作用，正是因为分析的存在，才使预测、决策、预算、控制、分析首尾相接，形成财务管理循环。

---

① 唐清安，韩平，程永敬等.网络课堂的设计与实践[M].北京：人民邮电出版社，2003.

第五节　财务管理的环境

　　事业单位的财务管理环境又称理财环境，是指对事业单位的财务活动和财务管理产生影响作用的事业单位内外各种条件的统称。按其存在的空间，可分为内部理财环境和外部理财环境。事业单位内部理财环境存在于事业单位内部，是事业单位可以通过采取一定的措施加以控制和改变的因素，主要包括事业单位资本实力、生产技术条件、经营管理水平和员工素质等；事业单位外部理财环境由于存在于事业单位外部，事业单位财务决策难以改变它们，更多的是适应其要求和变化。外部理财环境涉及的范围很广，其中最重要的是经济环境、法律环境和金融市场环境。本节主要讨论外部理财环境。

一、经济环境

（一）经济周期

　　市场经济的运行有其内在的规律。不论一个国家的经济管理水平有多高，也不论人们采取什么样的控制手段，经济不可避免地会呈现出繁荣、衰退、萧条、复苏再到繁荣的周期性特征。我国的经济发展与运行呈现出特有的周期特征，过去经历过若干次投资膨胀、生产高涨到控制投资、紧缩银根后进行正常发展的过程。经济的周期性波动对财务管理有着非常重要的影响。在经济周期的不同阶段，需要对财务管理提出不同的要求。例如，在萧条阶段，由于整个宏观经济不景气，事业单位很可能处于紧缩状态之中，产量和销量下降，投资锐减；在繁荣阶段，市场需求旺盛，销售大幅度上升，事业单位为了增加生产能力，可能要增添机器设备、存货和劳动力，需要财务人员为事业单位发展筹集资金。

　　财务管理人员必须认识经济周期对公司理财的影响，预测经济的变化情况，研究在经济周期不同阶段的公司理财策略，掌握在经济发展波动中理财的本领。

（二）经济政策

　　经济政策是指国家或政府为了增进社会经济福利而制定的解决经济问题的指导原则和措施，它是政府为了达到一定的目的在经济事务中有意识的活动，包括财政、税收、金融、价格和物资流通等各个方面的政策。经济政策对事业单位的理财活动会产生重要的影响。例如，国家为防止通货膨胀，采取紧缩性的货币政策，贴现率上升，法定准备率提高，在金融市场发行政府债券以回笼货币。这些措施会使市场的资金供应减少，事业单位筹资困难，筹资成本上升①。

事业单位财务人员应研究不同的经济政策对事业单位理财活动可能造成的影响，按照政策导向行事，趋利除弊，使经济政策更好地为事业单位理财服务。

（三）经济发展水平

经济发展水平对财务管理有重大影响，经济发展水平越高，财务管理水平就越好；经济发展水平越低，财务管理水平就越低。近几年我国经济保持持续快速增长的态势，事业单位扩大生产规模，调整生产方向，拓展更广阔的市场空间，这给事业单位拓宽财务活动的领域带来了机遇。同时，由于经济高速发展，资金紧张将长期存在，这给事业单位财务管理带来了严峻的挑战。随着我国国际经济交往日益增多，财务管理水平也在不断提高。因此，事业单位财务管理工作者必须积极探索与经济发展水平相适应的事业单位财务管理模式。

二、法律环境

市场经济的重要特征就在于它是以法律规范和市场规则为特征的经济制度。法律为事业单位经营活动规定了活动的空间，也为事业单位在相应空间内自由经营提供了法律上的保护。影响财务管理的主要法律法规有事业单位组织法规、税法、财务法规和其他法规。

（一）事业单位组织法规

事业单位组织必须依法设立，组建不同事业单位，要依照不同法律规范。事业单位设立以及设立后开展的各项活动，包括财务活动，都必须依法进行，事业单位的自主权不能超越法律的限制。

我国《公司法》所称公司是指有限责任公司和股份有限公司。公司这一组织形式是西方大事业单位普遍采用的事业单位组织形式，也是我国建立现代事业单位制度过程中选择的事业单位组织形式②。

《公司法》对公司事业单位的设立条件、设立程序、组织机构、组织变更和终止的条件与程序等都做了规定，包括股东人数、法定资本的最低限额、资本的筹集方式等。《公司法》对公司的生产经营的主要方面也做出了规定，包括股票的发行和交易、债券的发行和转让、利润的分配等。作为一个公司的财务管理人员，必须熟悉相关的事业单位组织法规，依法设立事业单位，并按照相关法律的要求开展公司理财活动。

---

①　王本燕. 规范退费流程强化门诊住院收入管理 [J]. 现代医院，2016，16（9）：1375-1377.

②　朱莉. 制造型事业单位财务内控管理中存在的常见问题与解决措施 [J]. 事业单位改革与管理，2017，15（11）：134-136.

（二）税法

税法是国家制定的用以调整国家与纳税人之间征纳活动的权利与义务关系的法律规范的总称。它是国家依法征税、纳税人依法纳税的行为准则。

按照征收对象的不同，税法可分为流转税、所得税、资源税、财产税、行为目的税。

1. 流转税法

流转税法是对货物的流转额和劳务收入额征税的法律规范，主要包括增值税、消费税、营业税和关税等税法。其特点是与商品生产、流通、消费有着密切的联系，不受成本费用和利润多少的影响，易于发挥对经济的宏观调控作用。流转税为世界各国，尤其是发展中国家重视和运用。

2. 所得税法

所得税法是对纳税人的各种所得征税的法律规范，主要包括事业单位所得税、外商投资事业单位和外国事业单位所得税、个人所得税等税法。其特点是可以直接调节纳税人的收入水平，发挥其公平税负和调整分配关系的作用。所得税法为世界各国普遍运用，在市场经济发达和经济管理水平较高的国家更受重视。

3. 资源税法

资源税法是对纳税人开发利用各种应税资源征税的法律规范，主要包括资源税、耕地占用税、土地使用税等税法。其特点是调节因自然资源或客观原因所形成的级差收入，将非经主观努力而形成的级差收入征为国家所有，避免资源浪费，保护和合理使用国家自然资源。

4. 财产税法

财产税法是对纳税人的财产的价值征税的法律规范，主要包括房产税、契税、遗产税等税法。其特点是避免利用财产投机和财产的闲置浪费，促进财产的节约和合理使用。

5. 行为目的税法

行为目的税法是对纳税人的某些特定行为以及为实现国家特定政策目的征税的法律规范，主要包括印花税、屠宰税、筵席税、固定资产投资方向调节税、城市维护建设税、车辆购置税等税法。其特点是可选择面较大，设置和废止相对灵活，可以因地制宜地制定具体征管办法，有利于国家对某些特定行为的引导。

任何事业单位都有纳税的法定义务。纳税会增加事业单位的现金流出，对事业单位理财有重要影响。事业单位无不希望在不违反税法的前提下减少税务负担。税负的减少，不能通过偷税漏税等违法行为来实现，只能靠投资、筹资和利润分配等财务决策时的精心安排和筹划。因此，对财务主管人员来说，精通税法有着重要意义。

（三）财务法规

财务法规是规范事业单位财务活动，协调事业单位财务关系的行为准则。主要包括事业单位财务通则和行业财务制度。

1.事业单位财务通则

事业单位财务通则是各类事业单位进行财务活动，实施财务管理的基本规范。我国现行的《事业单位财务通则》是由中华人民共和国财政部制定的，它对建立资本金制度、固定资产的折旧、成本的开支范围、利润的分配等内容都做出了明确的规定。

2.行业财务制度

行业财务制度是根据事业单位财务通则的规定，为适应不同行业的特点和管理要求，由财政部制定的行业规范，具体包括工业、运输、商品流通、邮电通信、金融保险、旅游和饮食服务、农业、对外经济合作、施工和房地产开发、电影和新闻出版十大行业财务制度。行业财务制度分别根据各行业的业务特点，对各行业事业单位财务管理从资金筹集到事业单位清算等全过程做出了具体规定，是事业单位进行财务活动必须遵循的具体制度。

（四）其他法规

除上述法规外，与事业单位财务管理有关的其他经济法规有：证券法、结算法、合同法等。事业单位财务管理人员应该熟悉这些法规，在守法的前提下进行财务活动，处理财务关系，以实现事业单位财务管理目标。

三、金融环境

事业单位总是需要资金从事投资和经营活动，而资金的取得，除了自有资金外，主要从金融机构和金融市场取得。金融政策的变化必然影响事业单位的筹资、投资和资金运营活动。所以金融环境是事业单位财务管理最为主要的环境因素。金融环境因素主要有金融机构、金融市场和利息率等。

（一）金融机构

社会资金从资金供应者手中转移到资金需求者手中，大多要通过金融机构。金融机构包括银行业金融机构和其他金融机构。

1.银行业金融机构

银行业金融机构是指经营存款、放款、汇兑、储蓄等金融业务，承担信用中介的金融机构。银行的主要职能是充当信用中介、充当事业单位之间的支付中介、提供信用工具、充当投资手段和国民经济的宏观调控手段。我国银行主要包括各种商业银行和政策性银行。商业银行，包括国有商业银行（如中国工商银行、中国农业银行、中国银行和中国建设银行）和其他商业银行（如广发银行、招商银行、光大银行等）；国家政策性银行主要包括中国进出口银行、中国农业发展银行等。

2. 其他金融机构

其他金融机构包括金融资产管理公司、保险公司、证券公司、信托投资公司、财务公司和金融租赁公司等。

（二）金融市场

金融市场是指资金供应者和资金需求者双方利用金融工具进行交易的场所。金融市场可以是有形的市场，如银行、证券交易所等；也可以是无形市场，如利用电脑、电传、电话等设施通过经纪人进行资金融通的活动。

1. 金融市场的种类

金融市场按组织方式的不同可划分为两部分：一是有组织的、集中的场内交易市场，即证券交易所，它是证券市场的主体和核心；二是非组织化的、分散的场外交易市场，它是证券交易所的必要补充。本书主要对第一部分市场的分类进行介绍：

（1）按期限划分为短期金融市场和长期金融市场。

短期金融市场又称货币市场，是指以期限 1 年以内的金融工具为媒介，进行短期资金融通的市场。其主要特点有：①交易期限短；②交易的目的是满足短期资金周转的需要；③所交易的金融工具有较强的货币性。

长期金融市场是指以期限 1 年以上的金融工具为媒介，进行长期性资金交易活动的市场，又称资本市场[①]。其主要特点有：①交易的主要目的是满足长期投资性资金的供求需要；②收益较高而流动性较差；③资金借贷量大；④价格变动幅度大。

（2）按证券交易的方式和次数分为初级市场和次级市场。

初级市场，也称一级市场或发行市场，是指新发行证券的市场，这类市场使预先存在的资产交易成为可能。初级市场我们可以理解为"新货市场"。

次级市场，也称二级市场或流通市场，是指现有金融资产的交易场所。次级市场我们可以理解为"旧货市场"。

从事业单位财务管理角度来看，金融市场作为资金融通的场所，是事业单位向社会筹集资金必不可少的条件。财务管理人员必须熟悉金融市场的各种类型和管理规则，有效地利用金融市场来组织资金的筹措和进行资本投资等活动。

2. 金融工具

金融工具是在信用活动中产生的、能够证明债权债务关系并据以进行货币资金交易的合法凭证，它对于债权债务双方所应承担的义务与享有的权利均具有法律效力。金融工具一般具有期限性、流动性、风险性和收益性四个基本特征。

---

① 王伯庆.2011 年中国大学生就业报告 [M].北京：社会科学文献出版社，2011.

金融工具按期限不同可分为货币市场工具和资本市场工具，前者主要有商业票据、国库券（国债）、可转让大额定期存单、回购协议等；后者主要是股票和债券。

（三）利率

利率也称利息率，是利息占本金的百分比指标。从资金的借贷关系看，利率是一定时期运用资金资源的交易价格。利率在资金分配及事业单位财务决策中起着重要作用。

1. 利率的类型

利率可按照不同的标准进行分类：

（1）按照利率之间的变动关系，分为基准利率和套算利率。

基准利率又称基本利率，是指在多种利率并存的条件下起决定作用的利率，即这种利率变动，其他利率也相应变动。因此，了解基准利率水平的变化趋势，就可了解全部利率的变化趋势。基准利率在西方通常是中央银行的再贴现率，在我国是中国人民银行对商业银行贷款的利率。

套算利率是指在基准利率确定后，各金融机构根据基准利率和借贷款项的特点换算出的利率。例如，某金融机构规定，贷款事业单位信用等级为 AAA 级、AA 级、A 级事业单位的利率，应分别在基准利率基础上加 0.5%、1%、1.5%，加总计算所得的利率便是套算利率。

（2）按利率与市场资金供求情况的关系，分为固定利率和浮动利率。

固定利率是指在借贷期内固定不变的利率。受通货膨胀的影响，实行固定利率会使债权人利益受到损害。

浮动利率是指在借贷期内可以调整的利率。在通货膨胀条件下采用浮动利率，可使债权人减少损失。

（3）按利率形成机制不同，分为市场利率和法定利率。

市场利率是指根据资金市场上的供求关系，随着市场自由变动的利率。

法定利率是指由政府金融管理部门或中央银行确定的利率。

2. 利率的一般计算公式

正如任何商品的价格均由供应和需求两方面来决定一样，资金这种特殊商品的价格——利率，也主要是由供给与需求来决定。但除这两个因素外，经济周期、通货膨胀、国家货币政策和财政政策、国际经济政治关系、国家利率管制程度等，对利率的变动均有不同程度的影响。因此，资金的利率通常由三部分组成：①纯利率；②通货膨胀补偿率（或称通货膨胀贴水）；③风险收益率。利率的一般计算公式可表示如下：

利率 = 纯利率 + 通货膨胀补偿率 + 风险收益率

纯利率是指没有风险和通货膨胀情况下的均衡利率；通货膨胀补偿率是指由于持

续的通货膨胀会不断降低货币的实际购买力，为补偿其购买力损失而要求提高的利率；风险收益率是指投资人承担一定的风险进行投资，为对其风险补偿而要求提高的利率。包括违约风险收益率、流动性风险收益率和期限风险收益率。

第二章　财务管理的创新组成

第一节　精细化财务管理

随着经济社会的快速发展与进步，经济全球化的发展趋势更加显著，使得各个行业之间的竞争水平也出现了较大的改变，交流变得更为畅通。但同时，也使得我国各个行业之间的竞争压力变得空前之大，因而出现了各种各样的问题。针对这些问题，我国从政府层面不断制定改革措施，从事业单位层面不断深化改革，从而为事业单位的快速和可持续发展提供强有力的保障措施。本节从精细化管理的角度，重点阐述了提高事业单位精细化财务管理的具体对策，旨在促进事业单位可持续发展。

一、事业单位精细化财务管理的基本内涵

所谓事业单位精细化财务管理，主要指的就是将事业单位财务管理工作细分，以促使事业单位财务管理水平显著提升，财务管理工作效率和质量显著提升，从而最终为提高事业单位经济效益水平服务。一般来说，事业单位采用精细化财务管理工作，不仅仅是将财务管理的相关内容和数据进行细分，而且还是为了提高事业单位的资金使用效率。通过开展精细化财务管理工作，不仅能够很好地促使事业单位财务管理水平显著提高，而且还能够促进事业单位的良性发展和运营。该模式是目前很多事业单位首选的一个财务管理模式。

二、当前时期下事业单位精细化财务管理工作存在的问题分析

虽然目前很多事业单位均意识到财务管理对自身发展的重要价值，但是依然存在很多方面的问题。那么，具体包括哪些方面的问题呢？

（一）精细化财务管理意识十分淡薄

在事业单位发展过程当中，若要实现财务管理，那么就应该强化事业单位自身的财务管理意识，强化事业单位内部的协作与沟通，从而有效提高财务管理水平。然

而，在实际过程当中，事业单位的财务管理意识十分淡薄，并未构建一整套完善的财务管理制度与体系，且财务管理体系的构建仅仅是一种表面化的工作，并未将其落到实处。

（二）精细化财务管理相关资料及数据真实度较差

事业单位在开展财务管理过程当中，财务预算是一项十分重要的环节和内容，若不能有效地开展财务预算管理工作或者财务预算信息不合理、不规范、不真实，那么就很难提高财务管理水平，也就很难达到理想的管理效果。当前时期，有相当一部分事业单位仍然使用传统的人工预算方法，使得预算结果的真实性受到了非常大的影响，所得的数据也不够真实和科学，难以为事业单位管理层的决策提供有效的依据。

（三）未构建完善和健全的财务预算管理体系

事业单位若要更好、更高效地开展财务预算管理工作，离不开合理有效的监督机制，因为它是财务预算管理体制不断优化和不断发展的必然路径。当前时期下，某些事业单位在使用经费方面，存在随意性强以及规范性弱等方面的缺陷及问题，究其根源，主要是由于某些事业单位过于追求社会效益，而对经济效益完全忽略。此外，很多事业单位内部并未设置专业化的财务预算监督机构，并未构架一整套完整的财务预算监管体系。

（四）财务管理监督机制严重匮乏

当前时期下，我国很大一部分事业单位管理中的财务核算监督职能不能达到显著的作用，其财务管理工作受到很多方面的影响，当前时期下很大一部分的事业单位财务核算监督机构不能正常发挥应有效果的原因主要包括如下两个方面的内容：①事业单位不能对自身的财务管理进行规范化管理，从而使其自身的职能水平欠缺；②事业单位所设置的财务机构中的工作人员的素质水平普遍较低，职业道德素养也不高，更甚者，其在财务管理监督意识方面也十分缺乏。

（五）财务管理在事业单位各项管理中的平衡地位被完全打破

当前时期下，有很大一定数量的事业单位管理者对财务管理存在较大的误区，很多管理者均只是简单地认为财务工作就是记账、算账，只重视如何处理财务报表、应对银行等相关部门的各项财务业务等方面的工作。但是，根本没有从本质上深入地了解以及把握事业单位内部资源的优化配置。那么，财务管理真正的内涵以及具体的职能也就无法充分地发挥出来，那么事业单位财务管理方面的工作也受到极大的影响[①]。

事业单位在现今快速发展的时代正面临着各种各样的挑战，同时事业单位自身也

---

① 欧阳征，陈博宇，邓单月.大数据时代下事业单位财务管理的创新研究[J].事业单位技术开发，2015，34（10）：83-85.

存在着诸多的问题，因而，对于事业单位的发展来说，需要精细化的财务管理，进而使得事业单位逐步稳定地发展，在财务管理的不断提升中，使得事业单位管理能够实现可持续性发展与长存。

三、精细化财务管理的特色

对于事业单位财务管理的缺失，应该将思路加以明确，不单单是将管理工作进行得更为细致与精确，还需要有相应的思路以及方向，使得管理质量得以提高，事业单位运营效果与利润得以提升，事业单位要从多方面着手，既要认真执行，也要重视效率，进而实现精细化财务管理的目标。

（一）制度精细化

财务管理制度的精细化，能够建立健全财务制度体系，制度精细化指的是财务的具体实施更具规范性，进而达到精细化的管理，事业单位需要凭借自身的实际情况进而对财务部的内控制度加以严格的修正，将各个条款逐一细致化，使得其在制度建设中保有相应的原则，加强制定与完善各类财务管理制度，细化各类财务管理制度，使得财务管理依据相应的原则进而细化制度，经过细致且有效的制度监督以及管理，防止制度执行力不高与制度模糊化等问题的产生。

（二）流程精细化

财务管理流程的精细化，能够进一步整理以及完善管理流程，流程精细化对于财务最终的工作效率以及内部控制的实施有着重要作用，事业单位需要加强细化财务预算，将各个系统能够依据预算执行的费用项目，整体纳入预算管理之中，并且分散于各处且具体落实于人，达到整体过程能够进行有效率的财务管理和优质的提前控制，依据相应的内部控制以及高效率工作的准则，进一步规范财务管理流程，逐步细化各项业务层面的具体操作规则，使得财务人员可以将全部重心转移到财务数据分析上，使得财务流程精细化能够进一步有序地进行。

（三）质量精细化

财务管理质量的精细化，能够监督并进行决策上的支持，加强贯彻与执行国家及事业单位的财政政策与法规，全面以及认真地将事业单位的财务状况加以反馈，注重细节，将信息加以精确性的完善，增强信息的可利用价值，强化对于资金的监管与控制，保证资金的安全性，将财务核算模式加以转变，将财务的事后核算转变成事前预算、事中控制以及事后监督一体化的财务管理方式，在组织上确保预算体系得以如常进行。

（四）服务精细化

财务管理服务的精细化，能够加以沟通以及合作的动态化，财务人员需要具备财务服务精细化的理念，在一定时间内进入基层部门了解实际情况，努力做好资产管理方面的工作，加强与各个部门间的沟通和协商，将信息的反馈速度加以提升，成为良好的互动关系，运用相关的信息，使得各类活动可以有凭据所依靠。

四、精细化财务管理的实施方法

（一）事业单位内部实施成本预算管理

成本预算管理是将事业单位年度资产经营考核目标利润作为具体的依据，将事业单位年度预测的各项数据作为已知变量，计算出事业单位年度总体的预算收入，进而推算出事业单位年度需要控制的总费用。优质的成本预算管理，应该将成本预算进行具体的落实，将实际成本费用的核算时间划分为月度、季度与年度三种，同时结合相对应的事业单位财务会计报表，进而将其作为成本费用控制的依据，而且，还需要将其和各个部门的成本预算加以对比，准确地寻找到管理的缺失，并进行具体的方案加以解决。

（二）精细化管理认真落实

将促进经济效益的提高作为主要的目标，使精细化管理加以落实。第一，在安全性的管理上，加以安全生产责任制，制定具体的安全管理方案以及准则，做到各项条款更为精细及确定，将安全责任加以着重划分，确保责任目标加以具体落实。第二，于事业单位的管理制度来说，应充分发挥综合管理的作用，逐步改善事业单位中的预算管理、资产管理以及精细化管理制度，强化日常的管理与监督等方面制度的设立。第三，在事业单位资产经营方面，实施目标责任制，所有的工作人员形成良好的成本管理意识，将事业单位经营的总体目标细化于各个部门。第四，将成本预算与薪酬考核结合起来，同时将精细化管理目标达到的效果作为薪酬考核的内容。第五，对于事业单位预算资金的运用，需要实施以月度计划的方式进行控制，以月为单位对于资金的使用计划加以划分，使得事业单位资金能够在可以控制的范围之中。第六，对事业单位成本管理设立细致的标准，对事业单位成本管理的目标以及责任加以细化。第七，逐步改善事业单位内部的审计制度，实施严谨且规范化的管理，降低事业单位的经营风险。第八，建立健全有效的事业单位实物资产管理制度及措施，进一步深化精细化财务管理的内容。

综上所述，精细化财务管理具备其独有的特色，对于事业单位的发展存在着重大的价值，同时，需要遵守精细化财务管理的实施方法，并且加以具体的应用及推广，使得事业单位的管理水平加以提高，事业单位自身也能够蓬勃发展、蒸蒸日上。

第二节 财务管理中的内控管理

内控管理能直接影响财务管理，所以当代公司都非常重视内控管理。一个好的内控管理方法能对公司的运营起到积极作用，不但能减少公司运行成本，还可降低生产成本，既能保障公司资产安全，又能有效为公司降低财务管理风险，为公司管理层提供可行的财务数据，有利于更好地发挥内控管理的作用。

一、内控管理对财务管理的作用

市场经济的发展需要公司完善内控管理工作，预防公司在经营过程中会出现的危机。公司内控管理措施的执行力与财务管理工作是息息相关的，直接影响到公司经营的经济效应。虽然现在不少公司领导层都开始重视内控管理，但还是有少数公司领导并不那么重视内控管理，对财务管理工作也没有起到监督作用。其实，内控管理对财务管理有着非常重要的作用。

（一）有利于保护公司资产

内控管理能有效保护公司资产安全，使公司健康发展，因为内控管理人员需将公司全部财产进行核查与控制，并清楚公司每一笔流动资金，所以能确保财产安全，避免公司出现挪用公款的情况。公司财务管理部门根据公司现状拟定相关管理制度，并对物资处理有详细规定，这样能提升公司财务管理方面的专业水平。同时，也能有效防止贪污的现象，公司在正常运营下也提高了外部竞争力的积极作用。

（二）提高财务信息真实性

内控管理能提高公司财务信息的真实与可靠性，完善公司内控管理制度对财务管理有着重要影响，要拟定详细的财务信息处理方法与控制方案。比如将财务信息资料进行审核复查，经过内控管理完成公司财务信息的校对，以及时发现财务管理中的问题，从而及时改正，有利于降低资产损失，财务信息越真实越利于公司财务管理的发展。

（三）公司经济效益得以提高

完善内控管理是公司经济效益提高的有效方法，加强内控管理并发挥内控管理在经营管理中的作用，能够提高公司财务管理水平。建立完善的公司内控制度能充分利用内控管理制度的资金调节作用，使资金使用合理性得以提升，并有利于加强公司发展的自我约束力。

早在 2008 年我国开始实行内部控制基本规范，成为我国事业单位内部规范管理体系中的重要内容。各大事业单位都需要不断完善自身内部控制管理体系，才能更好地促进事业单位的发展。现阶段，我国大多数事业单位的内部控制体系已经得到全面发展，广泛覆盖在各个生产经营阶段，并且涉及中小型事业单位的所有层面。事业单位内部控制的主要内容在于控制环境，识别和评估风险，控制事业单位决策以及经济活动等，沟通与反馈信息，评价和监督。事业单位在发展期间建立内部控制制度的必要性主要是体现在国家层面和事业单位层面，首先国家对于内部控制实行了相关规定，事业单位发展期间也需要内部控制制度的规范，事业单位不断完善自身内部控制可以在较大程度上加强事业单位的效益和工作效率，能够有效避免事业单位在经营期间出现管理风险以及舞弊行为等。事业单位管理人员按照实际发展情况，全面建设事业单位内部环境，在此基础之上建设控制规范和约束机制，进一步加强事业单位内部控制的实效性，评价自身内部控制制度。

二、内部控制在财务管理当中的范围

财务管理内部控制主要是系统整合事业单位各个财务活动与生产经营活动，并且通过财务方式将事业单位各个部门有效联系起来，这样有助于事业单位管理人员进行科学的经营决策，有效监督和约束事业单位各个层次的财务活动。实行内部控制机制可以在较大程度上加强事业单位的经营管理效率，实现最大化的资产收益。事业单位内部控制的科学性和实效性可以帮助事业单位做好财务预判，降低运营风险。此外，内部控制机制也能够帮助事业单位控制和管理事业单位资金，全面发挥资金的价值，为提升事业单位的发展和经济效益提供了良好的发展动力和经济基础，进一步加强事业单位的市场竞争力。

（一）内部控制是控制机制的重要组成部分

在事业单位控制机制中，内部控制机制属于重要组成部分，主要表现在以下方面：第一，结构控制体系，该体系是在"二权分立"基础上发展的，能够全面展现出代理与委托之间的关系，利用合法措施确保事业单位可以顺利开展内部控制，可以确保投资者的效益。第二，管理控制体系，该体系存在较多的形式，主要包括定期换岗制度，员工道德素质培养，预算控制以及内部监督制度等，这将在较大程度上影响代理人责任的成功性。第三，会计控制体系，该体系也可以称为核算控制，即按照控制内容的差异性控制实物、纪律以及基本控制等，基本控制可以从根本上确保会计控制。

（二）内部控制保障资金安全

建立事业单位内部控制制度能够全面保障事业单位的财产安全。其一，内部控制可以加强控制事业单位的流动资金，全面保障流动资金的安全运行。部分事业单位在发展期间存在较大的货物流动性，并且会涉及较多的环节，这就需要不断规范内部控制，避免出现安全问题。其二，事业单位内部控制能够保护固定资产和长期资产，按照事业单位的实际发展状况调整财产，并且传输安全的资产信息，这样使事业单位在外部投资期间可以正确认识自身情况。

（三）内部控制降低事业单位经营风险

事业单位建立内部控制，有助于事业单位领导层面获取事业单位发展的最新信息，之后按照信息做出正确的决策，全面降低事业单位的经营风险，促进事业单位实现发展目标，建立事业单位文化。内部控制制度能够为事业单位管理人员提供最新的财务信息和经营信息，之后按照事业单位的实际发展方向做出判断，以此适应市场的发展规律，这样可以降低外部环境对事业单位的影响程度。

（四）内部控制是事业单位发展的必然要求

随着市场经济的不断发展，事业单位需要进行全面改革创新，事业单位的发展需要借助于内部控制制度。这样不仅可以改善事业单位的外部环境，还能够改进微观机制。在实行内部控制制度时，不仅需要全面学习事业单位内部控制理论和发展经验，还需要正确认知事业单位进步，事业单位发展以及事业单位管理之间的关系。事业单位在该发展背景之下，为了提升自身发展水平，需要全面建立内部控制机制。

（五）提升事业单位财政管理的水平，适应财政改革的发展

长期以来，我国不断践行财税体制的深化改革，提升财政管理水平。现阶段出现了较多的关于财政改革的政策措施以及管理制度，全面落实了财政改革与管理，但也相应带来了较多弊端。部分财政政策在建立实施过程中缺乏充足的时间，这样就导致较多的政策没有经过论证就开始践行，往往会造成较多的问题，并且在一定程度上呈现碎片化的业务流程以及相关管理措施没有进行全面系统的考虑，会严重造成财政政策与实际工作情况出现脱节或者自相矛盾的情况，降低财政管理部门的工作效率。所以，在进行财政管理内部控制建设工作时，要细化各项工作流程，优化管理业务，这样才能从根本上提升财政管理的工作效率以及工作质量，早一步实现现代化的财政管理制度。此外，事业单位等重要事业单位也必须重视各自的财政部门，并积极进行内部控制建设工作，这是各级财政部门要面对的重要问题。

三、财务管理过程中内控管理的措施

内控管理是公司财务管理中的核心所在，在这个竞争压力如此大的市场环境中，公司若没有一个好的内控管理制度，公司内部竞争力也会不断下降，会对外部竞争直接造成影响，所以，公司必须加强内控管理，提升公司财务管理水平。

（一）建立完善的财务管理内控制度

公司在财务管理内控方面应注意这几个点：①在财务管理过程中应与互相制约的制度进行融合，完善以防范为主的监督制度。②设置事后监督制度，在会计部门的会计核算部分对各个部分展开不定时检查，并进行评价，再依照相关制度展开不同的奖惩，并把最后结果反馈给财务部负责人。③以目前有的审计部门作为基础，建立一个完全独立的审计委员会，该审计委员会可通过举报、监督等方式对会计部门采取监督控制。

（二）提高公司财务人员的职业规范，完善内控管理

财务管理制度需要有人执行，从而就会受到公司制度的管理与职业素养方面的约束，而在这方面，公司领导者应带领工作人员严格依照内控管理制度执行，而且还要加强会计人员对专业知识的培训，提升其专业水平，并对会计人员进行职业道德教育，以增强会计人员的自我约束能力，严格按照公司规章制度行事，提升工作能力，降低错误发生率，做好内控管理的工作。

（三）加强内部审计监督

内部审计监督是公司财务管理控制的重要组成部分，有着不可动摇的地位，是内部监督的主要监管方法，尤其是在当代公司管理中，内部审计人员将面临新的职责。公司应建立完善的审计机构，充分发挥审计人员的作用，为公司内控管理营造一个良好的环境。

（四）加强社会舆论的监督

现在，我国有些公司财务部门的会计在管控制度方面还不够完善，相关管理人员的业务能力与职业素养还需进一步提高，仅仅依靠会计人员的自觉性与政府的监督是不够的。所以，政府应大力推进会计从业发展，积极利用其职责发挥社会监督的作用，从而能够促进内控管理制度的发展与完善，使市场经济秩序稳定发展。

（五）重视内控管理流程

资金管理是公司财务管理中最重要的内容，财务管理人员需对资金使用情况进行严格审批管理，使资金管理更具有合法性。例如固定资产管理，财务部门可派专门人员对其进行单独的管理，对某一项目资产管理时，公司应对其预算有严格的审批，只有标准的额定费用使用机制，公司资金才能发挥最大的作用，才能保障周转速度一切正常。

综上所述，公司财务管理中内控管理有非常大的重要性，这种重要性不仅仅体现在经营方面，还体现在公司资金应用方面。在优胜劣汰的市场竞争环境中，公司必须加强内控管理制度，以保证公司资金安全，有效降低财务管理风险。

第三节　PPP 项目的财务管理

随着经济的快速发展，社会公共基础设施的建设也在不断地加强，而 PPP 模式的应用能够有效促进基础设施的建设，同时又能带动社会资本的发展，这种政府与事业单位合作共赢的模式因而得到广泛的应用。不过目前由于应用时间不长，其在应用过程中常会出现一些问题，只有通过分析目前所存在的问题，并不断进行完善，才能促进 PPP 模式带动社会有效发展。

一、PPP 模式的定义

PPP 模式即 Public-Private-Partnership 的字母缩写，是指政府与私人组织之间，为了合作建设城市基础设施项目，或是为了提供某种公共物品和服务，以特许权协议为基础，彼此之间形成一种伙伴式的合作关系，并通过签署合同来明确双方的权利和义务，以确保合作的顺利完成，最终使合作各方达到比预期单独行动更为有利的结果。

二、PPP 项目的特点

PPP 项目是由政府与社会资本之间合作开展，不过两者的目的有着区别。社会资本的主要目的是通过项目来获取利益，而政府是出于完成基础设施建设、带动社会发展等公益性目的。目的不同就会对项目的实施过程造成一定影响，而通过签订合理的合同可对社会资本、政府相关行为进行约束，进而确保项目开展的过程正常化。社会资本在保证利益最大化的情况下不能对项目公益性造成影响，同时政府在公益性保证了的情况下不能对社会资本的利益造成损害，这是一种共同保护双方利益的特点。由于双方社会角色的不同，掌握的资源也不同，社会资本主要掌握着经营管理资源及先进技术资源等，而政府则掌握着行政方面的资源。资源共享才能够促进项目建设的效率和质量的提高，这是一种资源共享的特点。在 PPP 项目计划和启动阶段，均是以政府部门为主导进行相关研究和分析，社会资本也可参与前期研究分析，在项目实施后两者共同管理，在共同管理中社会资本需与政府多个部门交流合作，使两者合作关系更为复杂，这是一种合作关系复杂的特点。

三、PPP 项目中财务管理问题

（一）项目中的资金管理问题

现在我国的 PPP 管理模式中项目资金管理力度较弱，主要存在会计核算不准确的问题，还有一些社会账本存在模糊的问题，项目资金经常不能拨付到位，导致资金使用效率低下。

（二）财务预算过程中执行不到位

预算管理是公司进行财务管理时的主要内容，在预算管理时工作职能得以实现，可以对项目资金进行科学管理与使用。在 PPP 财务管理中经常出现财务管理缺失的问题，还有的公司在使用传统预算管理方法，对新预算法没有彻底执行。同时也会出现一些单位执行新预算法但是相关制度却没有落实，预算管理口径不统一，在项目建设中存在较多需要落实的地方，因此建设进程中要准确地进行预算管理。

（三）财务内部控制缺失的问题

PPP 项目在管理过程中会出现制度不完善及公司控制不到位的问题，这些也是影响项目获得收益的重要障碍。还有，内部控制缺乏导致无法对项目进行有效控制，同时部分项目中还有政府资金，这样便造成对建设成本控制缺乏高度重视，致使项目中的成本管理没有起到应有的作用。项目公司在正常管理中的方式较为粗放，内部控制制度没有受到足够的重视，这些也是较为普遍的问题。事业单位对内部管理的认识不足，单纯片面地认为内部控制是为了对事业单位生产建设成本进行压缩，同时也存在将内部控制与财务建设等同的问题。这些问题都在制约着内部控制工作的进行[①]。

（四）融资投资管理问题

在 PPP 的模式下，政府投入的财政资金相对较少，很多资金都是政府依靠社会进行融资。融资过程中社会资金的费用相对较高，支出较大，但是我国暂时还没有形成良好的担保体系，融资管理体系不健全。PPP 项目都是一些较大的项目，涉及范围较广，这样便造成社会资本断链或者资金收回不理想的风险。

（五）风险管理问题

有很多地方政府存在盲目建设的问题，社会资本追求短期利益。这时便出现一些不适合进行 PPP 的项目也在使用这样的方法，没有在前期进行完整的风险预测，在整个过程中也没有进行风险控制，在后期出现严重亏损的，便会导致出现资金紧张及违约风险提高这些问题。

---

① 唐清安，韩平，程永敬等 . 网络课堂的设计与实践 [M]. 北京：人民邮电出版社，2003.

四、PPP 模式下的项目管理财务管理策略

（一）建立完善的风险识别和控制体系

PPP 项目在建设的过程中存在多主体的问题，在经营一段时间之后发现投资收回速度太慢，假如是想快速收取回报则不应该使用这种方式。在使用这种方式的时候一定要加强风险共担思想。政府与投资公司要承担一定的政治风险和管理风险以及收入较低的风险。建设单位一定要承担起运行移交风险。同时两者还要共同承担起自然灾害与市场经济等不可抵抗风险。在整个 PPP 项目中各个参与方是风险共同体，所以在合作的时候一定要时刻关注自己的风险，一定要使自己的风险以较低的方式进行，也可以建立起风险共同承担的机制，使用各种创新办法协作实现风险化解。

（二）努力加强预算管理与资金控制

在项目投资之前一定要进行相关分析，要建立起完善的预算管理制度，保证投资决策时资料可靠。同时要依据资金和人员以及材料设备等各个因素对项目进行全面筹划。使用先进的投资财务管理模式进行科学计算与投资回报计算，增强资金管理控制及制定合理的投资比例。

（三）加强成本控制

PPP 项目一般建设的时间较长，回报率也低，建好之后相关的运行维护成本也较高。因此在进行项目管理的时候可以对成本进行科学规划与控制。最重要的是对总成本和经营过程中的成本进行估算，制定出合理的单位成本折旧年限以及总生产费用，销售费用等等。使用各种途径对项目的运行成本进行控制，同时还可以依照营业额与收入进行投入及回报比的计算，这样的方式能确定出合理的投资回收期以及动态回收期财务内部报酬率相关指标。

（四）加强财务分析，完善定价制度

参与的各个单位一定要不断调整好财务管理上的目标差异，逐渐统一管理目标，这样才可以实现资源的价值最大化与效益最大化。资产定价制度也要逐渐完善，对财务分析也要加强，还可以实行定价机制的监管，将社会物价的有关指标进行对比，使用市场手段不断进行调节。这样才可以防止社会资本对公共利益造成损害，严格防止资本的趋利性，从根本上保护好建设项目的效益与社会资本的收益。

现在很多部门都在使用 PPP 模式，政府与民间资本的结合，通过政府监管，可以将事业单位的财务制度不断完善。这些对于提高项目财务管理效率及优化事业单位的决策更加科学。在这种模式之下，政府也对相关的民间资本进行一定的支持，在法律

层面进行肯定，这样才可以促进事业单位跟政府合作的加强，保证 PPP 模式为更多的项目提供良好的保证，也为经济的发展提供充足动力。

第四节　跨境电商的财务管理

伴随着互联网技术的飞速发展和经济发展的深度全球化，我国的跨境电商产业迅速崛起，截至 2016 年底，中国跨境电商产业规模已经超过 6 万亿元，年均复合增长率超过 30%。跨境电商产业在传统外贸整体不景气的经济环境下依然强势增长，本节在此背景下阐述了财务管理对于跨境电商运营的重要意义，并分析了跨境电商事业单位在财务管理方面面临的问题，如会计核算工作不规范、缺少成熟的跨境电商财务 ERP 系统，以及跨境电商税务问题等，针对跨境电商财务管理面临的问题提出相应的财务管理提升方案，从而促进跨境电商事业单位财务管理的不断完善。

一、财务管理对于跨境电商运营的重要意义

随着跨境电商爆发式的发展，跨境电商的财务管理也备受关注，由于跨境电商行业的特殊性，其财务管理与传统的财务管理实践相比存在较大的差异，对跨境电商环境下的事业单位财务管理人员提出了新的要求。现行大部分的跨境电商都是小事业单位，对于财务管理人员的配备与资金支持都比较有限，因此跨境电商的财务管理实践还有待提升。财务管理是跨境电商运营的关键事项，重视跨境电商的财务管理实践，针对跨境电商环境下财务管理工作面临的具体问题进行分析，并制定相应的有效解决措施，逐步优化提升跨境电商的财务管理工作，对于促进整个跨境电商行业的发展具有重要的意义。

二、跨境电商在财务管理上的问题

（一）会计核算工作缺乏规范性

会计核算是财务管理最基础的环节，只有会计核算能保证其准确性与及时性，后续的财务分析与财务管理各环节才能有效且有意义地进行。目前跨境电商会计核算主要存在以下的问题：一方面是账务处理不够规范。部分跨境电商事业单位没有建立严格的财务制度，或者有财务制度但是没有遵照执行，存在使用的原始单据不合要求或者缺少原始票据作为支持文件的现象，如报销手续未经过完整的审核流程或者用不符合规定的临时票据充当原始凭证等；另一方面是部分跨境电商事业单位的财务报表体系过于简单化，缺少报表附注、财务情况说明等，由于跨境电商行业的特殊性，传统

的财务报表体系难以准确且完整地反映跨境电商事业单位的财务状况以及经营状况，很多非财务指标虽然不列入传统的财务报表披露体系，但往往更能反映事业单位的潜在实力，如转化率、客户平均停留时间、网页点击率等。因此，跨境电商事业单位应根据自身的行业特点，在传统财务报表体系的基础上增加反映跨境电商真实经营状况的各项财务管理信息数据。

跨境电商事业单位财务管理人才的缺乏也是造成跨境电商事业单位会计核算工作不规范的重要因素。跨境电商行业作为近年来迅速发展的新兴产业，其财务管理与一般传统行业相比具有特殊性，为满足跨境电商财务管理需求，财务人员不仅要有扎实的财务管理知识及实践经验，还需要掌握现代信息网络技术知识、了解国际会计准则与各国税务、熟悉相关法律法规等。但是目前这样的复合型人才比较缺乏，这必然会阻碍跨境电商事业单位在财务管理方面的完善与提升。

（二）缺乏成熟的跨境电商财务 ERP 系统

由于跨境电商是从近几年才迅速发展起来的行业，因此市场上还没有比较成熟的针对跨境电商事业单位服务的财务 ERP 系统。一般行业的财务 ERP 系统难以满足跨境电商事业单位的特殊化及个性化需求，如跨境电商事业单位的多账号经营管理、成本多样性、物流方式的分配组合等事项，都存在不稳定因素，导致难以准确地通过普通的 ERP 系统去核算每个单品的成本利润，因此需要 ERP 相关行业的人员在现有的系统基础上去建立和完善针对跨境电商事业单位的功能个性化的财务 ERP 系统。

（三）跨境电商税务问题

跨境电商行业的贸易方式具有国际化、无纸化等特点，其交易主体、地点和时间比较隐蔽且容易更改，这使得在现行的税收制度下，对跨境电商行业的税收监管和征收存在一定的困难。对于出口跨境电商而言，出口退税则更加困难。根据我国税法规定，一般纳税人在符合税法规定的退税条件时可以申报出口退税，小规模纳税人自营和委托出口货物，免征增值税和消费税。但是很多跨境电商事业单位是中小事业单位甚至是个人商户，采购商品时直接使用现金，没有发票，不满足税法规定的出口退税条件。相关调查显示，93%的跨境电商没有办理外贸经营权备案登记，也没有结汇水单，甚至没有发票。因此跨境电商行业的特殊性对现行的税法制度在监管和征收层面都受到一定程度的冲击，对于跨境电商自身权益实现也存在困难。

三、基于跨境电商下网络财务管理发展建议

（一）风险意识的树立是网络财务管理优化的重要前提

风险意识不足是导致跨境电商陷入网络财务管理困境的重要因素之一。要想保证网络财务管理优势的充分发挥，降低网络财务管理风险的不利影响，跨境电商应树立

风险意识，认知财务管理中风险管理的重要性，从而根据自身实际情况建立风险评估体系或与风险评估机构建立合作，对自身发展过程中存在的风险进行评估与预测，并有针对性地制定网络财务管理方案与财务风险防控举措，保证各项业务开展的顺利性、稳定性与安全性。

（二）政府扶持力度的提升是网络财务管理优化的手段

由于跨境电商业务流程存在一定的复杂性，不仅与外管部门、金融机构等存在关联性，与税务机构、海关部门也存在密切的关联性。而就跨境电子商务的网络财务管理模式而言，其交易方式、支付形式等与传统对外贸易存在一定的差异性。对此，政府应根据跨境电子商务及其网络财务管理特征，完善相关制度与法律规定，并加大对跨境电商的扶持力度。例如，建立跨境电商监控机构，对跨境电商业务流程进行有效监管，提升消费者对跨境电商发展的信心；优化跨境电商出口退税程序，基于跨境电商事业单位相应的对外贸易政策优惠，提升跨境电商会计与财务工作效果，提升跨境电商网络财务管理中会计核算的标准性与规范性。

（三）网络财务管理系统的构建是财务管理优化的根本

为实现网络财务管理自身优势的充分发挥，如提升事业单位管理质量与效率，提升事业单位财务管理工作的协调性、员工参与性，实现经济活动财务情况的实时动态管理等，应建立完善的网络财务管理系统。在此过程中，应对跨境电商性质、业务流程等进行全面的分析，从而进行网络财务系统的科学设计，并结合事业单位实际情况配置相应的软件系统，用以保证网络财务管理系统应用的科学性与适用性。

（四）高素质专业化人才的培养是财务管理优化的必需

人才作为事业单位精神的核心资源，其能力、知识、水平的高低直接影响网络财务管理的质量与效率。对此，为有效改善当前跨境电商财务管理面临的困境，提升网络财务管理质量与水平，加强高素质、专业化人才的培养力度已经成为事业单位实现可持续发展的必然趋势。在此过程中，事业单位应根据跨境电商财务管理特点以及网络财务管理系统建设与应用要求，进行有针对性地培养，除提升工作人员财务与会计专业知识外，也应注重其信息素养、计算机素养、网络财务管理系统操作与使用能力等的提升与强化，为跨境电商优化发展奠定良好人才基础。

总而言之，任何新兴行业的兴起与发展势必存在重重困难，需要经过时间的洗礼才能得到成长与完善。跨境电子商务在信息时代背景下具有广阔的发展空间，但作为新兴产业，跨境电商在发展过程中也存在一定的问题，虽然相对于传统对外贸易而言，基于跨境电商下的网络财务管理存在一定的优势，但由于其起步较晚，运转模式尚未成熟，仍需要进行不断改进与完善，从而解决当前跨境电商财务管理方面存在的问题，促进跨境电商优化发展。

第五节　资本运作中的财务管理

随着我国市场经济不断发展，事业单位也面临着一系列的改革，特别是营改增的大背景，给事业单位的财务管理提出了新的要求。为了能够提高事业单位在市场中的竞争力，事业单位必须要不断加强自身的资本运作能力，才能够实现"钱生钱"。从当期事业单位结构分析，财务管理与资本运作相辅相成，也可以说财务管理服务于事业单位的资本运作，一个是微观资金活动，一个是宏观资金活动。资本运作与商品运作的概念是相互对应的，主要是指资本所有者对其自身所拥有的资金进行规划、组织、管理，从而实现资产升级。事业单位发展必须要有资金支持，而较大的资金投入会加大事业单位经营风险，这就需要事业单位能够不断优化自身的资本结构，从而获得更多的经济效益。

一、事业单位资本运营的特点分析

（一）价值性

事业单位资本运行的核心特点就是价值性，也就是任何资本运营活动都要推动事业单位相关产品升值或获取经济效益。事业单位资本运作的侧重点并不是资产自身，而是事业单位所有资产所彰显出的价值。在开展事业单位资本运作过程中，任何活动都必须要着重考虑成本，从而综合反映出成本占用情况，这样才能够分析出事业单位资产价值，通过对边际成本与机会成本相互比较衡量，从而为事业单位提供有力依据。

（二）市场性

市场性特点作为资本运作的基本特点，在市场经济大背景下，任何经济活动都要依托于资本市场，才能够跟上市场的发展步伐，满足事业单位的发展需求。因此，事业单位资本运作必须要通过市场检验，才能够了解资本价值大小与资本运作效率的高低。可以说，事业单位资本之间的竞争就是要依托市场活动才能得以完成，这也是当今资本市场和事业单位资本运作的一大特点。

（三）流动性

资本运作就是一个资本流动的过程，例如我们常说投资就是一种资本运作，通过前期大量投资，从而不断获取相应的回报，因此，流动性是资本运作的主要形式，这样才能够在不断的流动中实现产品增值。对于事业单位而言，事业单位中的资产不仅仅是实物，也不单是要求实物形态的完整性，而是对实物资产的利用率，是否能够在流动中获得更多的经济效益。

二、强化财务管理，优化资本运作

综上所述，事业单位资本运作是获取经济效益，实现资产增值的重要手段。事业单位财务管理作为事业单位管理的核心内容，对事业单位的发展有着重要影响。因此，我们必须要充分发挥财务管理的积极作用，推动事业单位资本运作的优化、升级，从而推动事业单位健康发展。

（一）强化会计核算工作，完善财务管理

从微宏观角度分析，事业单位财务管理是事业单位资本运作中的重要组成部分，因此实现资本运作会计核算，就是将事业单位资本投入到生产经营活动中，从而在生产经营中实现会计核算，加强生产成本的控制。最终目的就是能够运用事业单位资本提高自身的生产经营能力，并从事多种生产经营活动，从而实现资产保值、增值，以及提高事业单位的经济效益。再者，通过产权交易或分散事业单位资本，从而让事业单位资本结构进一步优化，为事业单位发展带来更多的经济效益。产权交易主要有两大层次，一是经营者根据出资者提供的经营产权资本，从而实现资本保值、增值的目的。二是根据财产权来经营，从而满足经营目标，获得更多的经济效益，因此，在产权资本运营核算中，必须要从这两大方面出发。

（二）完善事业单位财务管理

在市场经济下，事业单位财务管理面临着多方面的挑战，一是事业单位财务管理风险增加；二是事业单位还处于营改增的过渡阶段；三是影响事业单位财务管理的因素增减。可见，财务管理不单单是针对事业单位生产经营活动领域，同时也要涉及国内外市场、政策影响等。如今，多种经营方式与投资机遇呈现在了事业单位面前，任何经济活动都成为"双刃剑"，这就要看事业单位资本运作中的财务管理是否得当，能否根据投资组合方式，制定资本运作的盈利目标，并提高自身的抗风险能力、融资能力，从而丰富资本运作活动。因此，在资本运作过程中，加强财务管理至关重要。

（三）完善资本运作中财务管理制度

想要充分发挥财务管理的积极作用，必须要提供相应的制度支持，才能够保障财务管理有效性与完善性，降低事业单位财务风险。因此，事业单位需要设置独立的财务机构，并构建高素质专业人员，配备相应的核算人员、总会计师、资金分配人员等，为制度确定奠定坚实的基础。对于资本运作中的相关材料，必须要能够将会计原始资料作为事业单位资本运作与生产经营的核心资料，并统一资料的形式与内容，实现有序挂历、规范存档，明确财务管理工作人员的相关责任，避免出现财务工作操作失误等问题。结合《事业单位财务通则》、《会计法》、市场环境、事业单位内部环境，从而

制定更加完善的财务管理制度，明确不同岗位的工作要求，为资本运作提供制度基础。

综上所述，随着我国市场经济不断发展，事业单位之间的竞争愈演愈烈。因此，事业单位必须要加强资本运作来提高自身的市场竞争力，提高事业单位的经济效益，实现资产保值，充分发挥财务管理的积极作用，为资本运作奠定坚实的基础。

第六节　国有投资公司财务管理

在我国市场中，投资公司处于发展阶段，并且因为投资公司能够在降低投资风险的基础上，推动其他相关行业的发展，所以这一行业的出现也标志着我国金融服务行业的快速发展。但是在实际发展过程中，金融市场竞争趋势也越来越激烈，这也为各个国有投资公司提出了严格的要求，需要其加大财务管理力度、提升管理水平，才能应对金融市场的变化。所以，下文便主要针对国有投资公司的财务管理工作进行了研究与讨论。

一、国有投资公司财务管理基本内容概述

通过对财务管理的了解可知，国有投资公司内部的财务管理工作，需要将工作的重点集中在以下几个方面：①加大财务基础管理力度，在公司内部建立与市场经济需求、国有投资公司特点相符合的财务管理机制，并且在日常管理的同时与国际市场相连接。②加强资金统一调度与运作全过程管理力度。对于资金的筹集，最主要的是争取到政府方面的财政资金，在此基础上要积极向海外市场扩张，以此实现融资。对于资金的使用，要始终以安全、流动、效益为基本原则，做到量入为出，遵循长短结合和科学筹划的要求，全面降低公司内部的融资、运营、管理等环节的成本，以此实现资金使用效益的提升。③通过行之有效的管理方法，致力于规避财务风险，对公司内部的负债结构与负债管理方法，保证公司的资产结构与长、中、短期债务相适应。④在公司内部落实债权风险管理机制与逾期贷款清理责任制。⑤加大对公司财务改善的重视，使公司的投资与运行能够有足够的现金流支持，并且能够满足公司业务拓展与还本付息的根本需求。

二、国有投资公司的性质与目的

我国国有投资公司产生于 20 世纪 80 年代中后期，是由政府全额出资，以贯彻政府公共职能为核心目的，主要从事基础设施、基础产业和部分支柱产业投资的投资主体和经营主体。其性质是一种特殊的国有事业单位，行使出资权力，是国有资产配置

的代理者。国有投资公司作为经济发展的一支中坚力量，在新形势、新机遇的挑战下，不仅要执行政府意图，关注民生、根据政策对基础产业进行投资，而且其又是市场竞争主力，要自主经营、自负盈亏、自我发展，实现国有资产的保值与增值。故国有投资公司的目的是保值增值、发挥模范带头和经济导向作用，优化国有资产配置和布局，最终使政府所指定的宏观调控完美实现。

三、国有投资公司的财务管理模式

（一）集权制管理模式

集权式财务管理模式是指国有投资公司的各种财务决策权集中于母公司，母公司集中控制和管理投资公司内部的经营和财务并做出决策，而子公司必须严格执行。财务管理决策权高度集中于母公司，子公司只享有少部分财务决策权。集权管理主要是集中资产管理权。集中资产管理权不仅涉及决策权，而且还包括经营权及部分的业务控制权。

一般说来，成本低、效率高的集权性决策，对于母、子公司间的配置资源和战略协调方面有着很大的优势，但是它也有不利的一面，就是承担的风险相应较高，经营决策水平和决策者的战略分析判断力决定着决策是否正确，如果一个公司的发展是因为一个决策的失误而造成的，就可能破坏公司整体发展，甚至是使公司走向衰亡。

（二）集权与分权结合的财务管理模式

集权与分权结合模式的特点主要为：制度方面应该在集团内部制定统一的管理制度和职责，使得财务权限和收益分配方法明确，各个子公司应该依据自身的特点在母公司的指导下遵照执行，特殊情况再予以补充说明；管理方面应该充分利用母公司这一强大的支柱力量，集中管理部分的权限；经营方面，要根据制度出发，充分调动子公司的生产经营积极性。

财务机制出现的一些僵化的局面一般是由极端的集权和子公司的不积极主动而造成的，必然导致财务机制的僵化；反之，分权的极端化，定会导致子公司以及它的生产经营者过度追求经济利益进而导致失控状态的产生，对整体利益造成严重破坏。合适的集分权相结合不仅可以充分发挥母公司财务的调控职能和激发子公司的生产积极性与创造性，还可以将子公司的风险控制住。这种模式的运用防止了过分集权或分权而导致的危害，充分发挥了集权和分权的优势。

四、国有投资公司财务管理模式的优化策略

（一）加强国有控股事业单位的财务管理

从财务风险管理的角度，国有投资公司应结合财务监管与自身的业务特点，对于项目单位的管理体系不断进行规范和完善，使得财务的内控系统得到健全，将财务风险降低至零。

（1）实行全面预算的管理。对财务监管机制方面的项目单位战略协同，要加强其财务预算管理与控制能力。确保预算的顺利进行，即确保项目单位的权力分配和实施。公司对项目单位在按年、季、月编制财务预算的基础上，对预算的执行情况进行分析，及时纠正错误，补缺漏洞，结果要实施评价考核的措施、完善和整改不得当部分，从而将目标控制与过程控制和结果控制相结合，一定程度上了解和控制项目单位的财务风险。

（2）建立重大财务的事项报告制度。公司如果项目单位管理过于严格和紧张。很可能"一管就死"，放得过宽过松，又可能"一放就乱"。因此，关键还是要管理得当，只要合乎常理，不越界，就能管理好单位的重大财务项目，就可以授予项目单位的经营自主权，充分调动他们的主观能动性的发挥。

（3）强化对项目单位的内部审计。关于项目单位的内部审计方面，除控股项目单位之外，还要将内部审计延伸到参股项目单位；除年度决算审计外，还可据实际开展征期经济责任审计等专项审计；要注意与项目单位沟通的时候，注意方法和介入的时机；审计要深入彻底，整改要落实到位。

（4）完善控股项目单位经营者的激励约束体制。从委托及代理角度进行考虑，基于内在矛盾诸如信息不对称、契约不完备和责任不对等，可能会产生代理人"道德风险"和"逆向选择"。所以，需要建立激励约束经营者的管理机制，以促使经营者为股东出谋划策，用制衡机制来对抗存在的滥用权力现象。

（二）加强对参股公司的财务管理

（1）实行对国有参股事业单位中国有资产的立法管理：首先要建立适合国有资产的法律法规体系，健全资产体系，做到依法管理资产和有法可依和依法置产，以保证国有资产体制的管理轨道走上合法化和法治化，尤其对于国有资产流失的查处应该尽快立法。

（2）对于事业单位内部的国有参股，每年要进行资产的定期清查，对国有资产存量的分布构成进行核查、经营效益、增减变动；建立奖惩分明、落实责任的管理体系，对日常资产进行检查验收与评价。

（3）对于产权转让行为进行规范化，对于产权中心交易智能进行强化。确定国有

参股事业单位的国有资产产权归国家所有，具备产权转让资格的前提下必须有国家授权机构认可。同时应该规范中介机构的转让，以充分的信息，合法场所，公开、公平交易，公正监督为前提，实施依法管理。对交易行使统一管理，确保产权交易的规范化、合理性和权威性。

事业单位作为一个强大的经济组织，它不是依靠固定的财务管理模式，是在适应自身情况下而不断发展和变化的，要结合我国关于投资实践的大的情形，在财务管理手段和方法上不断努力，提高财务人员防患于未然的财务风险意识，不断更新和完善财务管理系统，以适应市场环境下的千变万化形式，保证事业单位有效的经济地位，促进事业单位长足发展。

第七节　公共组织财务管理

公共组织财务管理弱化是一个世界性的问题。1989 年美国审计总署和总统管理与预算办公室对联邦政府的"高风险"项目进行研究，识别出多达 78 个不同的问题，这些问题的存在使得潜在的联邦政府债务达到数千亿美元。为解决上述问题，1990 年美国国会通过了《首席财务官法案》，目的在于提高联邦政府的财务管理水平。近年来我国审计署披露的中央、地方政府部门及某些高校、基金会的违规违纪案件更是令人触目惊心。人们不禁要问这些过去的"清水衙门"为何成了事故频发区，它们到底是怎么管理的，违规违纪案件为何屡禁不止？

在这一背景下，理论界对公共组织财务管理问题展开了研究。英国学者 John. J.Green 出版的《公共部门财务管理》一书中，以英国为例对公共部门的财政控制、预算等问题进行了概括和总结。我国学者李建发对公共组织财务与会计问题进行了较为全面、系统和深入的研究，在其发表的论文《市场经济环境下事业单位的财务行为规范》《公共财务管理与政府工作报告改革》等研究成果中对公共组织财务管理的性质、特征进行了分析，并提出加强公共组织财务管理若干建议。姜宏青在《公共部门理财学科的兴起与建设》一文中从学科建设角度分析了建立公共部门理财学的必要性，并提出了公共部门理财学科的构建设想。这些研究无疑极大地促进了我国公共组织财务管理理论研究，但总体来说，我国公共组织财务管理理论研究刚刚起步，现有研究成果中就公共组织财务管理某一方面存在的现实问题进行的研究比较多，探讨公共组织财务管理理论问题的研究成果尚不多见。基于此，本节在吸收前人研究成果的基础上尝试着对公共组织财务管理的内涵、特征、目标及内容进行探讨。

一、公共组织财务管理的含义和特点

公共组织财务管理也称为公共部门财务管理或公共财务管理，是指公共组织（或部门）组织本单位的财务活动及处理财务关系的一项经济管理活动。

（一）公共组织

社会组织按组织目标可分为两类，一类是以为组织成员及利益相关者谋取经济利益为目的的营利性组织，一般称为私人组织，包括私人、家庭、事业单位及其他经营机构等；另一类是以提供公共产品和公共服务，维护和实现社会公共利益为目的的非营利组织，一般称为公共组织，包括政府组织和非营利组织。

在我国公共组织主要指政府部门、事业单位和民间非营利组织。从理论上讲，国有事业单位也属于公共组织，但由于其运行和管理方式比较特殊，一般不把其包括在公共组织中进行研究。

公共组织具有组织目标的非营利性和多样性，提供的公共产品和服务的非竞争性，行为活动的规则导向性以及通过行使公共权力来管理公共事务等特点，这些特点使得公共组织的财务活动明显区别于私人组织的财务活动。

（二）公共组织财务的特点

公共组织财务包括财务活动的组织及其所形成的财务关系的处理，其中财务活动主要指围绕组织资金的流入、流出进行的组织、计划、控制、协调等活动。公共组织财务具有以下主要特点：

1. 财政性

公共组织的运营资金与财政资金有着千丝万缕的联系。①大部分公共组织（主要是政府部门和事业单位）的资金来源于财政资金。②由于政府部门和事业单位是公共财政的具体实施者，因此公共组织财务活动就是财政政策的具体执行和体现。③公共组织财务活动的结果和效率直接影响到财政目标的实现。

2. 限制性

公共组织是用别人的钱给别人办事，缺乏责任约束和激励机制，为防止公共组织滥用公共资源，各国政府对公共组织的资金管理一般较为严格。与私人组织相比，公共组织在资金的筹集和使用上受到较多的限制。①公共组织资金的筹集、使用方向和金额应严格以部门预算为基础，并非组织自主决定。②公共组织（主要是政府部门）在资金管理权限上受到限制，如我国政府采购制度规定，政府部门采购大宗商品和劳务的活动要由财政部门代为进行，政府部门在资金管理权限上受到相当大的限制。

3. 财务监督弱化

私人组织的财务活动一般会受到来自产品市场、资本市场、投资者、债权人、社会中介等多方面的约束和监督，与私人组织相比，公共组织由于来自所有者和市场的监督弱化，导致其财务监督弱化。①资金提供者监督弱化。公共组织的非营利性决定了公共组织资金的提供者不能从组织运营中获得经济上的收益，他们既不享有经营管理权，也不享有收益分配权，这样公共组织就缺乏最终委托人的代理人，不存在"剩余索取权"的激励机制。因此，与事业单位投资者相比，公共组织资金提供者对组织的经营和财务活动情况关注度较低，对组织运营的监督相对弱化。②市场监督弱化。公共组织提供的公共产品或服务如公共安全、社会秩序等往往具有垄断性，一般不需要由具有竞争性的市场来评价其产品或服务的价值。公共产品市场的这种非竞争性，使得公共组织缺乏来自市场的竞争和监督，这也是产生公共组织资源利用效率低下的原因之一①。

4. 财务关系复杂

公共组织财务活动涉及面广，影响大，所体现的财务关系也比私人组织复杂。①利益相关者众多。公共组织在组织资金运动，提供公共产品的过程中既涉及与财政部门及其他职能部门的关系，也涉及与供应商、金融机构及社会公众的关系，利益相关者众多。②既存在经济关系又存在政治关系。私人组织财务活动体现的是市场规则下的经济关系，而公共组织财务活动所体现的既是经济关系又是政治关系。公共组织的资金从根本上看是来源于纳税人等社会公众，其产品也是服务于社会大众，其财务活动的背后反映的是政府的政策选择，体现着政府的意图。因此公共组织资金的流动和分配不仅仅体现着经济关系，还体现着一种政治关系。

（三）公共组织财务管理的特点

1. 以预算管理为中心

在本质上，公共组织是受公众的委托利用公共资源来提供公共服务，但它缺乏利润等明确的指标来反映公共组织受托责任的履行情况。因此，公共组织财务管理的一个重要方式就是通过预算模拟市场机制来组织、指挥公共事务活动，通过预算将公共组织所承担的受托责任具体化、数量化、货币化，使之成为代理人的具体目标和委托人控制的具体标准。预算管理是公共组织管理的核心和基础，必然也是公共组织财务管理的中心。公共组织财务管理就是围绕着预算的编制、执行、检查、考核进行的，公共组织的资产管理、收入支出管理、绩效考核等都是以预算为基础展开的。

2. 兼顾效率和公平

财务管理的本质是提高资金效率，实现价值增值。虽然公共组织开展业务活动的目的是执行或提供社会管理或公益职能，没有直接经济目的，但公共组织同样需要讲求效率，追求费用最低化、回报最高化以及正净现值等目标。只有这样才能充分利用

① 陈玉珍. 基于网络环境的会计教学方法研究 [M]. 会计之友，2006.

公共资源提供更好的公共服务。当然，公共组织的效率目标可能会与公共组织的其他目标产生矛盾。因此，公共组织在确定财务管理目标，进行财务决策时要兼顾效率和公平。

3. 微观性

由于公共组织资金具有一定的财政性，因此人们常常将公共财政与公共财物混为一谈，用公共财政代替公共财物。虽然公共财政与财务有着密切的联系，但两者的区别还是很明显的。公共组织财务管理是为本单位开展各项业务活动服务的，侧重于公共组织单位微观的财务活动。而公共财政是为保证公共财政职能的全面履行服务的，侧重于政府的宏观财政收支等活动。

4. 手段的多样性

事业单位财务管理主要通过经济手段实现管理目标，而公共组织实现目标的手段更加多样化，既可借助其公共权力通过法律或行政手段实施管理如预算管理、目标管理等，又可引入市场机制通过借助经济手段如政府采购过程中的招标，公共投资项目决策中成本效益分析等。

三、公共组织财务管理的目标

公共组织是以实现社会公益而不是追逐利润最大化为宗旨的非营利组织，其财务管理目标应服从于组织宗旨。财务管理的最终目的是通过价值管理保障组织资源的安全，提高资源的使用效率，为实现组织目标提供物质保障，实现组织宗旨。因此，公共组织财务管理目标是在保障社会公益目标的基础上，科学合理有效地筹集、运用和分配组织的公共资源，实现公共组织效率与公平的统一。具体体现在以下三个层次：

（一）保障公共资源的安全完整

这是公共组织财务管理的初级目标。与事业单位相比，公共组织缺乏责任约束和激励机制，财务监督弱化，容易造成公共资源的流失和浪费。公共组织财务管理的初级目标就是保障公共资源的安全完整即通过科学编制政府公共部门的预算，统筹安排、节约使用各项资金，建立、健全政府公共部门的内部控制制度，加强资产管理，保障预算的严格执行，防止资产流失和无效投资。只有保障公共资源的安全完整才能为公共组织实现社会公益提供基本的物质保障。

（二）提高资源使用效率

这是公共组织财务管理的中级目标。公共组织财务管理就是要通过绩效管理、成本控制、资产管理等手段，帮助公共组织科学决策，合理配置使用资源，注重资源的投入产出分析，提高公共组织资源的使用效率。

（三）实现效率与公平的统一

这是公共组织财务管理的高级目标。公共组织财务管理的最终目标就是通过财务管理活动帮助公共组织科学有效地组织分配财务资源，为社会公众提供更好的公共产品和服务，实现"效率"与"公平"的统一。

四、公共组织财务管理的内容

事业单位财务管理围绕着资金运动展开，主要内容包括筹集、投资、运营资金管理和利润分配。由于公共组织财务活动的特殊性，公共组织财务管理具有更为广泛的内容，不仅包括对公共资金的管理，还包括对各种公共资源的管理以及公共组织绩效管理。主要内容如下：

（一）预算管理

预算是公共组织的年度财务收支计划，集中反映了公共组织资金的收支规模、业务活动范围和方向，是其财务工作的综合反映。预算管理是对公共组织进行财务监管所使用的主要手段，通过预算编制可以提高公共组织对未来事务的预见性、计划性，规范公共组织财务收支活动。预算审批特别是政府部门的公共预算审批实质是民主参与公共资源分配决策，提高公共财物透明度的一种形式，是对公共组织财务活动的一种事前控制。

1. 公共组织预算与公共预算的关系

公共预算（也称政府预算）是综合反映一级政府年度收支情况的计划，是政策性的，反映的是政府的意图，体现的是公平。公共预算主要用于配置资源，分配收益和成本。公共组织预算是执行性的，是具体部门的年度收支计划，反映的是公共资源使用的效率。

公共组织（主要是政府部门和事业单位）预算是政府预算的基础，公共预算由各具体的政府部门预算和事业单位预算构成。公共组织预算是在公共预算的框架下编制和实施的。

2. 公共组织预算管理的内容

从预算管理的流程看，公共组织预算管理主要包括：①预算基础信息管理。公共组织预算是在充分分析组织相关信息如人员数量、各级别人员工资福利标准、工作职能、业务量、业务物耗标准等基础上编制的，基础信息的全面、准确是预算编制科学性的重要保障。在相关信息中定员定额信息是最重要的基础信息，定员定额是确定公共部门人员编制额度和计算经费预算中有关费用额度标准的合称，是公共部门预算编制的依据和财务管理的基础，也是最主要的单位管理规范。受我国政府机构改革的影响，近年来政府机构撤销、增设、合并频繁，政府部门原有的定员定额标准已不符合实际情况，迫切需要重新制定科学合理的定员定额标准。另外，还应建立相关的统计分析和预测模型，对部门收支进行科学的预测，提高预算与实际的符合度，便于预算的执行和考核。②预算编制。预算编制管理的核心是预算编制、审批程序的设计和预算编制方法的选择。③预算执行。预算执行环节的管理主要是加强预算执行的严肃性，规范预算调整行为，加强预算执行过程中的控制。④预算绩效考核。将预算执行结果与业绩评价结合起来。

（二）收入与支出管理

公共组织收入一般是指公共组织为开展业务活动和完成公共任务依法获取的非偿还性资金。公共组织支出一般是指公共组织为开展业务活动和完成公共任务发生的各项资金耗费与设施。

事业单位的收支活动都是通过市场竞争实现的，所以，只要符合国家法律和事业单位战略要求，其收入越多越好，并且收入与支出之间存在着明显的配比关系。公共组织的收入大多是靠公共权力强制获得，支出与收益也不存在明显的配比关系。这样，作为公共组织的管理者有可能存在道德风险，为了部门或个人利益滥用公共权力"自立规章，自收自支"各种收费、罚款、集资、摊派，损害公共利益。因此，公共组织财务管理应更加关注组织收入与支出活动，其目的是合理确定收入规模，规范收入来源，优化收入结构，正确界定公共支出范围，规范支出活动，建立合理的理财制度。

公共组织收支财务管理制度一般有：

1. 内部控制制度

在公共组织内部科学设置职务和岗位，使不相容的职务和岗位分离，形成部门和人员间相互牵制、相互监督的机制，防范公共组织出现资金收支活动中的资金流失、被侵占、挪用、转移和贪污等问题。

2. 财务收支审批制度

建立健全公共组织财务审批制度是部门财务管理工作的关键环节，只有这样才可能保证公共组织收支规范化。

3. 内部稽核制度

公共组织要建立内部监督审查制度，定期对组织资金的收支情况进行监督审查，及时发现问题，防止资金管理方面的漏洞。

（三）成本管理

由于公共组织的公共特性，长期以来我国公共组织特别是政府部门只问产出，不问投入；只算政治账，不算经济账，以致行政成本总量偏高、投入与产出明显不对等，这种情况在事业单位和一些民间非营利组织中同样存在。

虽然公共组织主要是为公众利益服务的，但并不是不讲成本与效益问题。自20世纪 80 年代以来，为摆脱财政困境与新公共管理思潮的驱动，西方各国政府已把注意力从资源分配转移到成本核算和控制。

公共组织成本管理应包括以下内容：

1. 综合成本计算

寻找成本驱动因素，按驱动率分配管理费，并归集到相应的职能、规划、项目和任务中，以便在资源成本率分配管理费用和资源用途之间，以及成本和业绩之间构建联系，从而明确各自责任。

2. 活动分析和成本趋势分析

对政府项目和流程进行分析，寻找较低成本的项目和能减少执行特定任务的成本途径。

3. 目标成本管理

即恰当地制定和公正地实施支出上限，合理控制业务成本。将成本同绩效管理目标联系起来，实施绩效预算和业绩计量。

（四）投资管理

公共组织投资主要指由政府或其他公共组织投资形成资本的活动。公共组织投资包括政府组织投资和非营利组织投资。其中政府的投资项目往往集中在为社会公众服务，非营利的公益性项目如公共基础设施建设等，具有投资金额高，风险大，影响广等特点。非营利组织投资主要指非营利组织的对外投资。

公共组织投资活动的财务管理主要侧重于：

（1）对投资项目进行的成本—效益分析和风险分析，为公共组织科学决策提供依据。政府投资项目的成本效益分析要综合考虑项目的经济效益和社会效益。

（2）健全相关制度提高投入资金使用效率。如采用招投标和政府集中采购制度，提高资金使用效率。

（3）建立科学的核算制度，提供清晰完整的投资项目及其收益的财务信息。

（五）债务管理

公共组织债务是指以公共组织为主体所承担的需要以公共资源偿还的债务。目前，在我国比较突出的公共组织债务是高校在扩建中进行大量银行贷款所形成的债务。

有些学者将政府债务管理纳入到公共组织财务管理中，本节认为是不妥的。因为大部分的政府债务如债券、借款等是由政府承担的并未具体到某个行政单位，行政单位的债务主要是一些往来业务形成的且一般数量并不大。政府债务应属于财政管理的范畴，行政单位的债务管理属于公共组织财务管理的范畴。

从财务管理角度实施公共组织债务管理的主要内容有：

（1）建立财务风险评估体系，合理控制负债规模，降低债务风险。公共组织为解决资金短缺或扩大业务规模，可以适度举债。但由于公共组织不以营利为目的，偿债能力有限。因此，需要建立财务风险评估体系，根据组织的偿债能力，合理控制负债规模，降低债务风险。

（2）建立偿债准备金制度，避免债务危机。

（3）建立科学的核算制度，全面系统地反映公共组织债务状况。

（六）资产管理

公共组织资产是公共组织提供公共产品和服务的基本物质保障，然而由于公共组织资产的取得和使用主要靠行政手段，随意性较大。目前我国公共组织间资产配置不合理，资产使用效率低，资产处置不规范等现象较多。

从财务管理角度实施公共组织资产管理的主要内容有：

（1）编制资产预算表。公共组织在编制预算的同时应编制资产预算表，说明组织资产存量及其使用状况，新增资产的用途、预期效果等，以便于预算审核部门全面了解公共组织资产状况，对资产配置做出科学决策。

（2）建立健全资产登记、验收、保管、领用、维护、处置等规章制度，防止资产流失。

（3）建立公共资产共享制度，提高公共资产利用效果。

（4）完善资产核算和信息披露制度，全面反映公共组织资产信息。

（七）绩效管理

建立高效政府、强化公共组织绩效管理是各国公共管理的目标。绩效管理重视公共资金效率，通过公共资金投入与办事效果的比较，促使公共组织讲究效率，是实现公共组织社会目标，建设廉洁高效公共组织的必要条件。

从公共组织财务管理角度看，主要是把绩效管理同预算管理、公共支出管理等内容结合起来。

（1）建立以绩效为基础的预算制度，将绩效与预算拨款挂钩。

（2）建立公共支出绩效评价制度。

（3）在会计报告中增加年度绩效报告。

（4）开展绩效审计，进行有效监督。

第三章 事业单位财务管理的基本组成

第一节 事业单位的精细化财务管理

由于我国经济体制的转变，一方面，事业单位由原来的非营利性质逐渐发生改变，但是原来滞留下来的相关问题并没有随着经济体制的改革得到彻底改变。另一方面，从制度上而言，一部分事业单位没有参与市场化，财务管理工作与资金计划没有紧密结合在一起。随着财务精细化理念的引入，事业单位逐渐开始重视，本节就事业单位的精细化管理加强做一些探讨。

一、概述事业单位财务精细化管理的基本内容

精细化管理顾名思义就是将管理工作进一步精确化，力求效率、细致等方面的最大优化。而财务管理的精细化指的是在求本务实的基础之上，运用现代化的专业信息技术手段，通过一套完善可行的工作制度及考核体系，在合法的规章制度框架中，实现对事业单位财务工作的严谨、细致化管理，改变传统的粗放型管理模式，以期达到所需的管理成效。

二、当前我国事业单位财务管理存在的不足分析

（一）缺乏清晰的财务管理意识

事业单位的改革一直不曾停下，但是其财务管理观念淡薄，没有正确看待这项工作，认为有国家财政作为保证，可以称作"铁饭碗"。工作人员缺乏管理意识，没有强烈的上进心，很多人员在处事过程中甚至单凭主观臆断。此外还缺乏专业教育和进一步的培训学习。如此情况下，面对新时期的财务管理就很难做出正确的决策，在新形势下，财务管理的监督功能和辅助决策功能无法得以正常发挥。

（二）缺乏有力的内部控制

当前事业单位内部控制方面最主要的问题在于在职人员的配备不尽合理，比如各

项业务没有明确的区分，交叉在一起，有的工作人员身兼多职，职责任务不明确，会计各个阶段的审核监督工作仅仅是个形式。再者就是制度问题，一些单位没有设置内部控制规章，或者是设置了也没有有力地执行。所谓的"框架"只是挂在墙上以便应付相关部门检查的"装饰"。

（三）没有将财务软件充分利用

财务软件在很多的事业单位财务管理工作中都会使用。这些专业的财务软件不仅能够进行账务核算的基本功能设置，还能对使用单位提供譬如财务分析、合作银行的账务核对以及财务预警等等。但是就目前的财务软件使用情况来看，很多单位的财务软件在操作过程中因为财务人员素质的因素，其功能不能得到有效应用，使用的都是非常简单的基本功能，造成资源的浪费，同时财务信息化的风险也因此加剧。

（四）没有完善、先进的风险管理制度

事业单位的财务管理环境随着市场经济的发展更加复杂。各种类型的风险接踵而至，风险管理的隐秘性逐渐被显现性取代。但是一些事业单位的管理者意识不到财务风险的严重和重要，工作环节中缺乏风险意识，一旦风险到来，又缺乏抵御外在波动的能力。

三、事业单位实行精细化财务管理的主要措施

（一）树立精细化财务管理理念

精细化财务管理是一种管理理念，事业单位要实行该管理方法，首先要改变以前财务管理的粗放观念，财务管理从机关型向服务型转变，财务职能从记账核算型向经营管理型转变，财务管理领域从事后的静态核算向全过程、全方位的动态控制转变。在单位深入贯彻和落实精细化财务管理理念，要让精细化管理深入人心。尤其是单位领导要懂基本财务知识，重视财务管理工作，严以律己。这样才能促使事业单位财务人员以全新的理念参与管理，解决管理中精细与效率的矛盾，最终促进管理中粗放模式向精细化模式的改变。

（二）财务管理制度精细化

精细化财务管理很重要的一个方面就是管理制度精细化，用制度约束人。事业单位应该根据国家的有关法律法规，结合单位自身实际情况，制定出详细的单位内部财务管理制度和财务人员岗位业务手册，把制度细化到每一项工作和业务之中。通过建立严格细致、切实可行的工作规范和督察机制，细化岗位职责，健全内部管理制度，使财务管理工作有章可循、有据可查、责任到人，使财务管理工作进一步制度化、规范化和科学化。

（三）加强单位负责人和财务人员的学习培训

按照《会计法》的规定，单位负责人是单位财务与会计工作的第一责任主体，对本单位财务会计报告的真实性、完整性以及内部控制制度的合理性、有效性负主要责任。但要真正确立起单位负责人对财务会计工作和内部控制制度建设的"第一责任主体"意识，还必须强化单位主要负责人在内部控制方面的培训学习。为此，财政部门应当分期、分批和分类型地对单位的主要负责人及相关领导举办相关的培训班，使他们在了解把握内部控制基本知识的基础上，提高对单位内部控制制度建设重要性的认识，培养良好的内部控制意识和内部控制环境。

精细化管理要求财务人员具有相应的专业技能，要建设专业化的财会队伍，保证财务战略能够得到正确执行。单位要加强财务人员的培训，提高财务工作人员素质、知识、管理、控制等能力。培养财务人员良好的道德素养；财务人员要勤奋学习会计新制度、新知识，多积累实际经验，拓宽知识面，注意灵活运用，具备内部控制的驾驭能力、分析能力、处理能力，还有沟通能力，善于发现问题、提出问题、解决问题。

（四）预算管理精细化

预算编制。在预算编制方法上，应该改变传统的"基础＋增长"模式，采用零基法编制。在编制预算之前，要进行充分的论证，深入到各基层单位进行调研，发放预算调查表，通过分析研究确定单位各明细项目预算金额，避免预算数与单位实际需求脱节。

预算执行。单位要以预算文本为依据，推动预算执行的精细化。预算执行管理是预算实施的关键环节。事业单位要逐步建立一套完整的预算执行考核制度，明确考核内容、指标，将各部门预算申报的准确性、及时性、预算执行结果与部门年度考核挂钩，对严格执行预算的部门要表扬，并采取适当措施给予奖励，对不严格执行预算的部门要批评，并扣减其部门经费，情节严重的，还要追究相关负责人的责任。对预算的科学分析、评价和考核，可以对预算执行的结果进行全方位的诊断，从而实现预算事后监督管理的精细化。

（五）深化单位内部成本核算，推动支出管理精细化

事业单位的"内部成本核算"是指只对单位内部管理使用，对外既不计算也不编报成本报表，只是按照权责发生制的要求，对单位在经营产品或劳务过程中发生的各项耗费进行计算，为考核业务成果、筹划资金来源、进行经济决策提供真实的会计信息。

长期以来，事业单位一直固守着计划经济的经济管理模式，不讲成本，不重效率的现象极为普遍。这使得事业单位职工缺乏成本管理意识，竞争意识不强，他们认为事业单位有别于私企，不必要应对日益加剧的市场竞争，不需要进行成本核算；这种不注重成本控制、没有危机感的思想，导致事业单位损失浪费成为普遍现象。

随着社会主义市场经济体制的建立，事业单位实行经济管理已成定局，要顺应这一变化形势，我们就得按照成本核算的理论，认真进行成本核算、成本分析与成本控制，这样才能够摸清家底，预测经费走向，科学计划经费支出，按规范控制经费运作，挖掘潜力降低成本，努力提高资金使用效益，提高事业单位生存与发展的实力。

随着事业单位各项改革的深入，事业单位精细化经营是一种发展趋势。实行事业单位财务管理精细化正是适应事业单位改革的需要。事业单位实行财务管理精细化需要建立严格细致、切实可行的工作规范和督察机制，以科学的管理手段和制度优化平台，细化岗位职责和健全内部管理制度，加强动态的，全方位的控制；财务人员要认真学习领悟，对每一个工作任务，都要建立起相应的工作流程和业务规范。事业单位财务管理是事业单位开展各项活动的保障，精细化财务管理可以节约成本，提高事业单位资金使用效益，使国家以较小的成本获得较大的社会效益。

第二节　事业单位财务管理中的内控管理

事业单位是非营利性组织，经济活动较为单一，资金总量较少，在财务管理方面并未树立正确的内控思想，导致很多工作无法得到有效落实，也不利于单位的可持续发展。现如今市场经济体制改革如火如荼，给事业单位财务管理工作带来了严峻挑战，管理者需要根据实际情况加强内控制度建设，提升财务管理水平，本着为人民服务的原则，提升其经济收益和社会效益。

一、事业单位财务管理内控建设的意义

内部控制指的就是为了提升事业单位财务管理工作效率，保证财务管理制度顺利运行，以国家法律为依据而实行的控制方法。换句话说，就是转变传统的管理模式和管理思想，与时俱进，利用事业单位内部的控制运作，使财务管理工作的每一个环节都符合相关规定。事业单位管理人员能通过内部控制制度，提升管理能力，确保制定的制度能按计划进行。良好的内部控制可以帮助政府机关财务的操作符合法律法规，使财务的相关信息规范而完整。

①做好财务管理工作，建立完善的内部控制制度，有利于事业单位保持良好的竞争力，应对环境变化带来的挑战；②使事业单位财务管理行为更规范。对各个部门进行良好的监督和控制，以此来规范每一个部门的经济活动，减少资金方面不必要的支出和浪费。完善的内控制度还可以起到财务保护效果，减少资金和财务方面的风险；③事业单位内部控制管理力度的加强，有助于管理人员制定战略发展目标，使管理行为规范化；④提升财务监管的准确性和稳定性。

二、当前内控制度在事业单位财务管理中存在的问题

（一）没有完善的财务内控系统

内控监督和管理作为内控体系建设的关键保障，很多单位都忽视了它的作用，没有独立的内部监督委员会，导致很多工作不能够落到实处，让内控制度的有效性大打折扣，给事业单位的发展带来了阻碍。职责的明确还不够清晰，导致内部控制评价不够客观，具有很强的主观性。事业单位本身结构的设置和岗位安排也存在着不合理的现象。

（二）财务监督体系建设不到位

根据国家和有关部门的相关规定，会计资料必须真实、准确，它是事业单位财务内控制度工作中最基础的目标，同时也是最主要的财务管理方法。会计人员对于事业单位各项记录上的内容、格式、财务报表都要有统一的要求，力求保证记录的真实性和连续性。如果没有完善的财务会计内控制度，就会造成内部混乱的情况，财务信息失真，不利于事业单位未来的发展，只有不断提升财务管理工作的质量才能保证财会监督体系顺利建设。

（三）内部控制评价体系没有落到实处

一些事业单位根据时代发展的需求也建立了财务会计内控制度有效性评价体系，但是有的只注重了内部控制评价的形式，而没有注重内部控制评价的结果。很多事业单位的内部控制有效性评价报告都大同小异，并没有突出事业单位内部控制的特点，对于评价结果的利用还不够充分，不能够针对评价结果分析出相应的措施，对于内部控制的评价还仅仅停留在表面，没有深入研究。

四、内控制度在事业单位财务管理中的应用

（一）保障财务数据质量

为保证事业单位财务管理水平有所提高，必须保证事业单位各个时期财务数据的准确性和全面性，并在各项准确信息支持下开展事业单位财务管理，这对于提升事业单位基础工作水平和经济内涵显得至关重要。而强化其在事业单位财务管理中的应用，不仅可以降低事业单位财务管理难度和出现问题的可能，还能在一定程度上保障事业单位各时期财务数据信息的质量和准确性，以此准确强化财务信息在事业单位财务管理中的作用，为推进事业单位财务管理顺利开展提供有力支持。对于事业单位财务管理在实际开展过程中不合理的地方来说，也应要求相关人员通过内控制度调整各项不

准确的数据信息，并在这一过程中改善事业单位财务管理问题，使得各项财务信息准确性符合事业单位财务管理要求，彰显内控制度在事业单位财务管理中的应用价值。

（二）加强事业单位监督

事业单位财务管理工作在实际开展过程中可能会出现一些问题，从而造成事业单位的经济管理效果变差，导致事业单位财务建设和整体经济价值之间存在极大差距。基于此，必须借助内控制度对事业单位财务管理开展有效监督，帮助相关人员及时了解事业单位财务管理在具体开展过程中的各项问题，并在内控制度支持下及时处理事业单位财务管理问题，使得事业单位财务管理缺陷在短时间内得到优化处理，保障事业单位经济效益。当然通过内控制度对事业单位财务管理展开有力监督，还能避免事业单位财务管理再次出现类似问题。发挥事业单位财务管理优势和现实作用，优化内控制度在事业单位财务管理中的具体表现。

（三）控制财务管理违规

对于事业单位财务管理过程中各项违规现象展开研究，必须保证相关人员对各项违规现象表现形式和基础诱因有所了解，之后在考虑各项基础因素和内控制度条件下对各项违规现象实施优化调整，提升事业单位财务管理违规现象处理效果，将内控制度在事业单位财务管理违规控制中的作用效果表现出来。加上事业单位财务管理在具体开展中需要对现金、银行存款和票据等方面进行控制管理，因此应在各项基础信息支持下强化资料文件在事业单位财务管理中应用力度，降低事业单位财务管理难度，推进事业单位财务管理工作良性开展。而且在内控制度支持下还能及时调整各类单据中不合理的地方，发挥单据资料在事业单位财务管理中的现实作用。

（四）规范管理人员行为

为避免事业单位财务管理在实际开展过程中受到人为因素干扰，必须在开展事业单位财务管理工作之前对相关人员展开有效培训，强化相关人员对内控制度以及事业单位财务管理要求的了解，并在各项基础因素支持下开展事业单位财务管理工作，发挥内控制度在事业单位财务管理中应用价值，使得事业单位财务管理水平有所提高。当然应用内控制度开展事业单位财务管理，还能规范事业单位财务管理人员自身行为。避免相关人员开展事业单位财务管理时因基础制度掌握力度不足而出现问题，促使相关人员依照标准化流程开展财务管理工作，确保财务管理符合事业单位经济管理要求。

对于事业单位财务管理展开研究，明确内控制度在其中的重要作用。这就应在考虑各项基础因素条件下强化其在事业单位财务管理中的应用力度，确保事业单位财务管理水平和整体经济效益有所提高。同时必须在相关人员对内控制度全面了解条件下开展事业单位财务管理，严防事业单位财务管理在实际开展过程中受到外在因素干扰。突出内控制度在事业单位财务管理中作用效果，为事业单位财务管理顺利开展提供便利支持。

第三节　PPP项目与事业单位的财务管理

如今在PPP模式之下，政府和事业单位的相关职责已经有了明确的规定，所以如果没有其他的特殊情况基本上不会有职责不明的问题出现。政府部门和事业单位之间共同承担风险问题，并且共同享受利益收入，在很大的程度上提高了技术水平，也促进了资金配置效率的提高，优化了资金的使用，事业单位对资金的运作灵活性也有了极大的提高，PPP模式的顺利运行与事业单位的财务运作情况直接相关，所以，在PPP模式下必须要对事业单位的财务状况进行适当的监控和管理。

一、PPP项目的主要运作特征

（一）双方行动、权利、责任有合同依据

随着时代的发展，政府采取PPP模式引入社会资本来进行公共产品的建设，提高服务供应能力，能够极大地丰富国家财政内容。在PPP模式中，双方通过签订合同文件来约束及规范各自的行为并保证各自的利益是主要特征之一。在这种合作模式中，政府注重的是公共利益，事业单位注重的是利润的最大化。

（二）资源互补、利益共享

在PPP模式中，政府手中掌握着信息、资源、政策等，能够统一协调并配置资源，而社会资本具有经营管理及建设方面的技能与经验。双方通过结合实现了优势互补，既能够提高公共服务建设的质量及效率，又能够确保事业单位资本的合理回报。

（三）双方合作关系的复杂性和长期性

在PPP模式中，政府通过与事业单位签订合同，建立一种全程合作关系，双方都要参与整个工程的全部过程，包括可行性研究、融资，建设、移交、运营等。与此同时，这些过程又涉及许多其他的机构，比如税务、城建、规划部门等，都体现了这种合作模式的复杂性与长期性。

二、PPP模式中财务管理常出现的问题

会计核算管理不规范，账目不清晰，票据的使用及管理存在较为严重的问题。另外就是冗余资金不能有效利用，资金使用效率不高或者出现资金拨付不到位，使用期限不明显。

事业单位资金不足以及融资困难。随着我国金融市场的不断发展和扩大．资金的

供给增加且金融工具不断创新。PPP模式下，政府投入的财政资金相当少，大部分资金需要靠社会融资。融资社会资本的成本一般是比较高的，费用支出相当大，而我国又尚未形成较为合理的担保体系，投融资管理体系也不是很健全。再加上PPP项目一般都是较大型的项目，涉及的范围较大，导致部分投资回收不理想。

财务管理的思想观念陈旧。管理模式比较僵化，部分事业单位的领导者集权现象比较严重，由于对财务管理的理论缺乏认识和研究，有的领导常常越权行事、职责不分，导致事业单位财务监督和控制的不严格、会计信息失真，使得事业单位难以建立起有效的内部审计制度，更加难以保证内部审计的独立性和有效性。有的事业单位管理者思想观念落后，导致事业单位管理制度的陈旧和僵化，缺乏现代财务管理的思想理念，使得财务管理在事业单位中失去了其应有的地位和作用。

成本管理不健全。成本控制是一个项目能否盈利的关键工作。一些项目在建设过程中忽略成本控制工作的重要性，整个过程中对项目建设成本没有总体预算规划，成本控制部门形同虚设。

风险管理和内部控制问题。现阶段地方政府存在盲目大建扩建现象，社会资本又一味追求短期效应，甚至出现一些不适合PPP模式的项目也采取PPP模式。前期不进行风险预测，过程中不进行风险控制，结果项目运营后严重亏损，导致资金链紧张，从而违约风险较大。

三、PPP模式下的项目财务管理的几点建议

加强投资预算管理及资金管控。项目投资前期要加强分析，建立完善的预算管理制度，确定科学的投资估算依据。结合地理位置、资金、人员、设备、材料等各种因素对工程项目进行全面的筹划。采用先进的投资和财务管理模型科学计算投资回报年限，加强对资金的控制管理，确定合理的投资比例。

加强成本管理。PPP项目一般建设时间较长、投资回报利润较低且回报周期长，建成后的运营及日常维护成本也较高。因此，在项目实施过程中，要对成本进行科学规划，加强成本管控。主要是进行总成本及经营成本的估算，确定合理的单位生产成本、整体成本、折旧年限、总生产费用和销售费用，通过多途径来进行项目成本控制。另外，通过估算营业利润或销售收入与投入成本进行对比，确定投资的静态回收期、动态回收期、投资利润率及财务内部报酬率等指标数据。

加强财务分析，完善定价机制。参与各方要协调好财务管理目标的差异性，统一财务管理目标，实现资源的最优配置和效益的最大化。积极完善资产定价机制，加强财务分析，对定价机制实行监管，与社会物价指标进行对比，用市场手段调节，防止社会资本的趋利性对公共利润造成损害，从根本上保证建设项目的社会效益及社会资

本的合理收益。

综上所述，PPP 模式所发挥的作用是非常大的，在 PPP 模式下，基础设施建设的投资效益得到了很大的提高，而且其服务质量也有了明显的改善，尽管 PPP 模式发挥的作用非常大，但 PPP 模式发展情况并不乐观，在以后的发展过程当中，要采取措施保证 PPP 模式的顺利运行，完善与财务有关的法律法规建设，为 PPP 模式的顺利进行奠定相关的法律基础。

第四节　事业单位财务风险管理

一、事业单位财务风险成因

（一）外部因素

造成事业单位会计方面风险的因素有许多，大致来说可以分为单位外部的因素与单位内部的因素。外部因素主要是指事业单位经营期间国家所推行的相关政策以及在当下时间段内国内外市场经营环境。外部环境主要是通过影响单位未来经济重心方向的方式对单位经济状况造成影响。其中国家相关政策的改变会引起单位内部税收筹划方法的改变，未来单位投资方向的改变以及事业单位内部人事的改变等一系列变化，而国内外的市场经营环境对事业单位会计的影响则主要是由于国际市场环境与国内市场环境的差异而引起的会计职能失效等，或者是市场行情的变化超出事业单位预期而产生的会计预测失效。外部因素对事业单位的影响或许在短时间内看不出非常明显的变化，但是外部因素是关系到事业单位是否能够长远发展的关键点。外部因素的存在，使得事业单位会计工作的风险因素变得变幻莫测，难以在一个十分精确的尺度上对风险的整体进行把握，但是对外界因素的影响又不能够放任不管，需要相关工作人员积极学习研究，掌握外部因素对事业单位会计工作影响的解决办法，在问题发生时能够及时进行解决。

（二）内部因素

对事业单位会计工作造成风险的内部因素主要是指在单位内部施行的各种规章制度以及在单位内部工作的所有工作人员。单位内部的规章制度在很大程度上保障了单位日常运行的有序高效，但凡事都有其两面性，看似完备的工作制度也会对会计工作造成一定的风险。例如审核报批制度，虽然很好地解决了文件审核的规范性，但是大大降低了文件的时效性。一份文件有时在经过了长时间的报批审核过程后，所反映的事实情况已经发生了改变，这就给会计工作带来新的风险。其次，在单位内部工作的工作人员由于个人原因，在实际工作中往往会由于自身所受的相关法律教育欠缺或者自我约束管理意识的薄弱而出现各种各样的问题。这些风险因素的出现都能够运用相关管理技术手段进行解决，只是解决的途径需要相关工作人员长期的摸索探讨，最终才能将内部因素引起的财务风险大大降低。

二、事业单位风险管理现状

（一）管理模式不完善

目前，许多事业单位的风险管控中，管理模式并不成熟，风险管控工作大多没有专门的管理部门负责，只是财务部门工作内容之一。一方面，财务部门的工作往往被报销、审核等制度化的工作限制，在风险预测以及风险管控等方面关注度并不足，将风险管控工作落到实处的可能性更是微乎其微；另一方面，财务部门与其他部门之间的信息交流渠道受限，因此对其他部门的业务内容与业务进度并不能做到一个清晰的了解，财务部门掌握的信息仅限于财务账目信息，对其真实性的核对存在困难。此外，由于事业单位的财务岗位通常采用的人力任用制度不是聘任制，合同制与正式编制员工之间存在利益冲突，在选任财务人才时可能受到一定限制，因此财务人员的职业素质以及专业素质可能受到影响；加之事业单位平时缺乏对财务人员的专业素质培训，因此可能存在财务工作不到位的情况。

（二）事业单位的财务人员缺乏风险意识

财务风险是和经济活动同步产生的，事业单位只要进行运转、只要进行经济活动，就会在这个运转的过程中产生一些可预估和不可预估的风险。可是，大多数事业单位的财务人员认为在经济活动中只要按制定的经济活动标准，制定完善的经费预算和使用方案就可以规避经济活动中可能出现的一切财务风险，事业单位财务人员的这种想法是错误的。还有一些事业单位内部的财务人员缺乏专业素养，这些素养不高的财务人员既不能对事业单位的财务风险做到有效控制和预测，也不能做到对经济活动的整体把控。财务人员缺乏风险控制的意识，这在很大程度上提高了事业单位内部的财务风险。

（三）会计控制监督力度严重不足

事业单位以其内部管理进行分析，一些单位内部会计控制监督形同虚设，内部控制制度的约束力没有得到相应的体现。各个单位在内部会计控制监督工作中，没有安排专门的机构或人员，其执行力度严重缺失。同时，对于相关政府执法部门和社会机构等外部监督来说，没有充分发挥出监督执法的职能，其监督力度存在着较多薄弱点。在监督检查过程中，对于出现的违法违规行为，也没有予以处罚和治理。此外，各个执法监督机构的监督功能比较分散化，影响着单位会计控制监督作用的发挥。

三、加强事业单位财务风险管理的对策

发挥内部管理激励作用，完善单位内部管理模式。提高事业单位风险应对能力，首先需要一个完善的内部管理模式作为基础。这不仅是事业单位提高风险管控能力的要求，也是规范事业单位的管理模式、提高其业务流程规范化的要求。鉴于此，需要参考制度成熟的单位的管理模式，配套出台相应的管理标准，根据单位自身的情况，建立适用于事业单位内部控制建设的内部管理模式。具体到风险管控方面，一方面需要严格财务工作的流程，要求预算管控以及收入支出管控必须有账面记录，对于超出预算的支出需及时核查，做到财务工作的严格化以及规范化，以杜绝财务风险发生的可能性；另一方面根据内部控制的理念，平衡事业单位内部的权力制衡，以杜绝因决策失误而造成的管理风险。

加强员工风险意识教育。事业单位由于其自身特点，在生产经营过程中会面临各种各样可知的或者未知的风险。通过制定相应的规章制度，能够在极大程度上避免可知风险带来的损失，但是对于未知风险的规避，则需要事业单位员工具有极强的风险意识。当员工具有较强的风险意识之后，对于日常工作中可能存在风险的操作就具有了自动判别的能力，能够主动将风险操作的可能性降低。员工风险意识的加强是一个日积月累的过程，需要相关领导人员在日常工作中引起足够的重视。具体的形式可以是定期的学习，或者定期的考核等，这样在真正面对风险操作时才不会忘记规避风险。而加强员工的风险意识教育，还能够辅助单位内部的规章制度的施行。内部规章制度虽然在某一方面可能是非常完备的，但是难免会在某些方面存在不足，这些问题的规避单靠不断修改调整的规章制度显然不行，但员工具有风险意识之后，这些平时不易察觉的问题便能够更加容易被察觉，更加及时地被遏止。

加大会计控制监督力度。事业单位要高度重视会计控制监督工作的开展，构建相应的监督管理机制，设置专门的监督部门，将会计制度涉及会计控制监督检查工作的方方面面。各个行政事业单位相关主管部门要与财务部门人员保持密切的交流和协作，共同致力于内部控制监督中，落实好财务工作的监督与检查，进而将财务风险保持在可控范围内。同时，要集中整合政府监督、社会监督以及自我监督等形式，加大财务风险控制机制的执行力度，实现内外部监督的高效统一，形成监督效力，从而促进事业单位会计控制工作的顺利开展。

事业型单位在瞬息万变的市场环境中面临非常多的风险，处理单位内部会计工作上存在的风险因素需要所有部门的积极参与。无论是外部因素还是内部因素，作为相关工作人员都应该积极提高自身风险意识，在风险变为损失之前及时将风险进行规避或者扼杀。只要单位工作人员时时绷紧风险意识的弦，努力提高自身风险意识，相信

即使市场竞争环境恶劣，在国家相关政策以及单位内部相关管理制度的积极影响下，事业单位依然能够创造出属于自己的一片天地。

第五节 事业单位资本结构管理

金融互换作为来国际资本市场的一类新型衍生产品，也是事业单位进行债务管理的新型工具。资本结构是指事业单位各种资本的价值构成及比例关系，事业单位资本结构的管理，对事业单位价值的最大化有直接的影响。在我国，随着经济高速发展以及现代事业单位制度的建立，结合各种新型筹资方式加强对事业单位资本结构的管理进而提高事业单位的价值有着重要的理论和现实意义。

一、金融互换概念界定与原理

金融互换（Financial Swaps）是指交易双方直接或间接通过中介机构签订协议，在未来的一段时期内，相互交换一系列现金流量（本金、利息、价差等）的交易。

互换交易的核心工具包括利率互换、货币互换、远期利率协议、长期外汇交易和长期利率上限和下限期权。近年来互换不断创新，主要涉及互换安排方式和双方交换的现金流形式的一系列特殊变化，具体包括时间选择、到期日选择和名义本金等其他方面现金流方式的重新设计。本节主要就利率互换和货币互换两种互换最基本的形式进行讨论。

利率互换是指互换双方将自己所持有的、采用一种计息方式计息的资产或负债调换成以同种货币表示的、但采用另一种计息方式计息的资产或负债。

货币互换是指互换双方将自己所持有的、以一种货币表示的资产或负债调换成以另一种货币表示的资产或负债的行为。在货币互换中，由于本金的计值货币不相同，因此通常需要兑换。货币互换只改变债务的经济方面，不改变债务的法律方面，这是货币互换的重要特征之一。

金融互换的基本原理是比较优势原理与利益共享原则。

根据比较优势理论，当交易双方同时满足以下两个条件就可以进行互换：一是双方对对方的资产或负债均有需求；二是双方在两种资产或负债上均存在比较优势。如果一家事业单位在 A 货币借贷市场上具有比较优势，而在 B 货币借贷市场具有比较劣势，而另一家事业单位恰恰在 B 货币借贷市场具有比较优势，在 A 货币借贷市场具有比较劣势，则 A、B 双方就可以事前约定各自分别在自己具有比较优势的货币借贷市场融通资金，然后进行相互交换。同理，如果事业单位明白自己是在固定利率市场还是在浮动利率市场有价格优势，那么互换交易使他们可以先在更为便宜的那个货币市场筹得资金后再把它互换成最适合自己的筹资方式。

根据利益共享原则，互换双方通过互换从中得到的互换利益属于双方共同拥有，利益的取得是双方合作的结果，所以利益的共同合理分享才会使金融互换交易的发生成为可能。

以利率互换为例：假定 A、B 两家事业单位均需借入为期 10 年的美元借款 1000 万元，A 需要浮动利率借款，而 B 需要固定利率借款。由于 A、B 信用风险不同，银行给出的贷款利率不同，举例如下：

A 事业单位不论固定利率还是浮动利率均比 B 的借款利率低，说明 A 事业单位在固定利率市场及浮动利率市场都具有绝对优势，但在固定利率市场上，A 对 B 的绝对优势为 1%，而在浮动利率市场上的绝对优势为 0.4%，这就是说，A 事业单位在固定利率市场上有比较优势，而 B 在浮动利率市场上有比较优势。所以，双方就可以利用各自的比较优势为对方借款，然后进行利率互换，从而达到共同降低筹资成本 0.6%，这就是互换利益。假定由 AB 双方各享有一半，则双方都可使筹资成本降低了 0.3%，即双方最终的实际筹资成本分别为：A 支付 9 个月期 LIBOR-012% 的浮动利率，B 支付 5.7% 的固定利率。从这个例子可以看出，交易双方都从互换交易中获得了利益，降低了融资成本。

二、金融互换对资本结构管理的影响分析

事业单位资本结构决策就是通过合理安排债务规模确定最佳资本结构，即事业单位在承担适当财务风险的情况下，使其综合资金成本最低而事业单位价值最大的资本结构。在决定最佳资本结构的因素中，资金成本是一个最主要的因素，如何确定一个合理的债务规模进而降低资金成本，是资本结构管理的核心。金融互换使事业单位在清楚自己在利率上的比较优势前提下，通过互换市场就能使它在更便宜的那个市场上发行债务，再把它互换成最适合自己商业需要的融资形式，从而达到降低资金成本的目的。另外，金融互换由于一般不涉及本金，风险仅限于息差，其信用风险远远低于贷款的信用风险。

（一）通过互换可以使资本结构中负债成本灵活调整，使资本结构得到优化

我们通过一个货币互换的案例给予说明：一家在美国的德国公司和一家在德国的美国公司，假设德国公司需要美元，而美国公司需要马克，由于两个公司的资信不同，在本国筹资成本相对较低，而在国外则需要承担较高的信用风险成本。如果两国公司进行货币互换，则可以降低两公司的总筹资成本。

（二）通过互换可以控制负债汇率风险，稳定负债现金流出量，使资本结构的稳定性得到保证

仍如上例，如果美国公司需要 1000 马克，当时市场汇率为 1 美元 =2 马克，一月后，如果市场汇率会变成 1 美元 =1.6 马克，则公司就应该在当初商定一个固定汇率进行互换，避免带来汇兑损失。因此货币互换可以把一笔已有的负债币种转换成对自己有利的币种，从而达到规避负债汇率风险和稳定事业单位负债现金流量的目的。

（三）设计未来的债务形式，锁定未来某项预期负债的发行成本，获得利率下降的好处，进而使资本结构优化具有可持续性

当事业单位无法取得充足、合适的资金时，通过利用金融互换，可以将债务由一种形式转化成另外一种形式。事业单位可以根据自身的偿债能力，先行借入对第三人而言低成本而对事业单位自身是高成本的债务，通过金融互换从需要该债务形式的第三人处取得自身所需的债务形式，从而各取所需，分享收益。如果一笔借款未正式签约，但借款人希望一旦签约，他的互换利率不会高于目前的水平，便可以买入一个互换期权。通过购买互换期权，事业单位便可预先锁定互换利率，从而获得利率下跌的好处。

三、通过金融互换优化资本结构的条件保障

从以上分析可以看出，金融互换对优化资本结构提供了一个新的思路，但目前通过这一途径为事业单位降低筹资成本，调整现有负债以及设计未来债务，降低筹资风险主要压力源于金融互换运用的范围和程度，因此如何推进金融互换的良性发展就成为当务之急。

（一）金融互换的全面开展需要加快利率与汇率的市场化进程

利率市场化以后，银行根据客户资信确定贷款价格的自主权加大，这样优质客户可以选择与自己条件相匹配的优质事业单位互换，风险较大的事业单位可以选择风险投资人与自己互换。货币互换恰恰反映了市场规律。

（二）金融证券化是推动金融互换发展的重要动力

金融证券化与金融互换业务相辅相成。在金融证券化的趋势下，金融互换业务迅速扩大，越来越多的国际性大银行，把经营重心转移到证券业上，谁能安排金融互换业务，降低事业单位的筹资成本，谁就能获得证券发行代理、承销等业务。所以，金融证券化的加强，可以促进金融互换业务的迅速发展。

（三）通信和计算机技术是降低金融互换交易成本，实现与市场紧密连接的硬件保障

通信技术和电子计算机技术使金融互换中大量繁杂的资料、数据可以快捷处理和

交换，这就大幅度降低了市场的交易成本，并将全球各主要金融市场紧密地连接了起来，使市场运作更具效率，市场规模不断扩大，为金融互换的规模发展提供条件。

金融互换在调整资本结构方面主要的作用在于规避利率和汇率风险，降低利息费用，从而降低债务资本成本。随着经济全球化，金融一体化的发展，金融互换在我国发展的条件日渐成熟，事业单位可以充分合理地利用其在降低融资成本等方面的明显优势，适当控制其风险，达到调整资本结构、提高事业单位价值的目的。

第六节　公共财政体制与事业单位财务管理

一、公共财政与事业单位关系

公共财政是与市场经济相联系的财政类型，是政府为了弥补市场失灵，为市场经济发展提供公共产品和服务，对市场经济进行宏观调控的一种经济活动。公共财政是因为市场失灵的存在而存在的，它是弥补市场失灵的财政，必须为市场活动提供一视同仁的服务，具有非营利性、民主性和法治化特征。我国建立公共财政是建立社会主义市场经济体制的要求，是政府职能转变的客观要求，也是财政自身改革和发展的要求。按照社会主义市场经济体制和中国基本的政治、经济、社会条件对财政制度的客观要求，以国际经验为鉴，初步确立转轨时期我国公共财政构建的目标为：具有"规范化的财政收入，公共化的财政支出，法治化的财政监管，宏观化的调控体系。"近年来围绕公共财政进行了一系列改革，因为体制创新才是公共财政实现的必由之路。

"事业单位"的概念产生于新中国成立之初，特指受国家行政机关领导，没有生产收入，由国家经费开支，不实行经济核算，提供非物质生产和劳务服务的社会组织，主要包括科学、教育、文化、卫生、体育、计划生育、地震、档案等部门和单位。从总体上看，事业单位对我国经济社会发展做出了重要贡献，尤其是在推动社会事业发展和扩大公益服务供给方面起着十分重要的作用。总的来说，对各项事业，应按其产品的属性来决定政府提供的范围和程度。也就是说，要对各项事业进行分类，公共产品属性较强的应由政府提供；私人产品属性强的则由市场提供，或交给社会去办，属于混合产品的应由政府与市场共同提供，以此形成一个以政府提供为龙头的，由政府、社会、企业和私人共同办事业的体系。

二、公共财政体制下事业单位财务管理的特点、任务和原则

（一）我国事业单位财务管理的特点

事业单位是国家职能的承担者，是国家为满足社会公共需要而成立的，其动机在于加强服务，便民利民，谋求公共利益。它不以营利为目的，主要从事一些非营利性的活动。因此，多数事业单位自身并没有什么收入，即使某些事业单位根据国家有关规定可自行组织一些收入，往往也是收不抵支，难以满足各项经费支出需要。这就决定了事业单位的支出不可能像企业消耗一样可以通过自身资金的循环和周转得到补偿，决定了事业单位从事各项业务活动、完成工作任务，必须有国家财政的支持，必须由国家财政拨付全部或部分经费。事业单位资金运动的上述特点，决定了事业单位财务管理有如下三个特点：（1）经费来源的无偿性，事业单位主要由国家财政拨款，由财政部门在各项预算后，向各单位合理分配财政资金。这样一来，事业单位获得的经费就具有了无偿性，而且，事业单位此时扮演着国家职能承担者的角色，通常并不以营利为目的。（2）以预算管理为中心，这是事业单位财务管理工作的重点与核心。（3）类型多样化，事业单位种类繁多、类型复杂。从所有制结构来看，既有全民所有制的，又有集体所有制的；从业务活动性质来看，既有服务性质的，也有社会福利性质的；从经费来源看，有的由国家财政全额拨款，有的部分拨款，还有的不拨款；从提供公共产品及公共服务的方式来看，有的是免费的，有的是付费的。

（二）我国事业单位财务管理的目标

按照公共财政的要求，事业单位财务管理的目标应当是：充分利用有限的资金，提高资金利用效率。在传统的计划经济体制下，我国实行的是统包供给的财政政策，事业单位在自主权方面缺乏，收支基本上由财政管理，各项收支及开支都由国家承担，因此单位缺少动力，并且资金短缺的忧患不存在，这使得各事业单位对资金的使用显得比较随意。随着我国社会主义市场经济体制的逐步建立和完善，随着国家各项建设事业的全面展开和深入进行，一方面，资金需求在各行各业猛增；另一方面，由于国家财政收入增幅不是很大，这就使得国家财政资金的供给与需求之间产生差异冲突，导致需求大于供给。

（三）我国事业单位财务管理的任务及原则

（1）科学合理编制单位预算，真实反映单位财务状况。事业单位预算是各事业单位根据国家的方针、政策，按照国家规定的工作任务和事业计划，依据定员定额和收支标准编制的计划期内的财务收支计划，也是事业单位开展各项活动的参考。预算管理是事业单位财务管理的核心，是各事业单位事业计划和工作任务完成的保证。要搞

好事业单位财务管理，必须加强预算管理，要根据国家规定，实事求是、科学合理地编制单位预算，并严格执行审批后的预算。在预算的编制与执行过程中，要处理好预算内资金与预算外资金、行政性支出与业务性支出、维持性支出与发展性支出、重点性支出与一般性支出之间的关系，做好预算管理工作。

（2）加强收支管理，提高资金使用效率。事业单位收支管理是事业单位管理的重要内容，是事业单位预算顺利实现的保证，是事业单位财务管理的基础。加强收支管理，有利于事业单位增收节支、合理安排资金、提高资金使用效率，与此同时，不断总结经验教训，改进完善收支管理工作，做到合理节约，精打细算。

（3）加强对国有资产的管理，合理有效利用国有资产，防止国有资产流失。众所周知，国有资产是各事业单位的一种物质保障，没有了国有资产，很多工作就开展不下去，因此加强对国有资产的管理对事业单位财务管理来说就显得尤为重要。加强国有资产的管理，能够保证国有资产的安全完整，真正做到物尽所用。对事业单位资产进行管理，不仅要管好钱，还要管好物，有计划有保障地完成资产管理工作。

事业单位财务管理的原则是从财务管理工作实践中总结而来，是在事业单位财务管理实践过程中抽象出来的，并且是被实践证明的应该遵循的行为规范，是对事业单位财务管理工作质量的衡量的一种标准，也是对事业单位财务管理提出的基本要求。事业单位财务管理的原则包括：（1）依法理财原则，这是最基本的原则；（2）勤俭节约原则，这是必须长期坚持的一项基本原则；（3）量入为出原则，资金收支是事业单位开展工作、完成其事业发展的保障；（4）效益原则，包括社会效益和经济效益；（5）正确处理国家、单位和个人三者之间的利益关系原则，体现着整体利益和局部利益之间的关系；（6）责任性原则。

三、国外非营利组织财务管理制度借鉴

（一）国外非营利组织概念

在发达的市场经济国家中，社会组织结构由政府、营利组织和非营利组织三部分构成。非营利组织作为一种组织类型，在国家的经济和社会发展中所承担的职能及组织的基本特征受到广泛关注。它们在教育系统、自然科学与社会科学研究、医疗保健、文化艺术、大众传播、社会服务和公共事业中占有极为重要的位置。在大多数国家，主要的社会公益机构是由国家管理和出钱支持的；而在美国，许多公共服务机构却是私营的，在经济上它们是由私人资助或私人和政府联合资助的。

（二）国外非营利组织财务管理结构

国外非营利组织财务管理有着健全的财务责任体系和完善的财务组织结构。在财务责任体系中，由财务委员会、投资委员会和审计委员会构成的理事会透彻了解与其职务有关的个人和组织的所有责任。而完善的财务结构则由财务组织、责任中心和财务管理构成：（1）财务组织，国外非营利组织中的"财务总监"一般是兼职的，有时还是志愿的。在规模较大的组织中，经执行理事或理事会同意，财务主管或司库可以做出许多财务决策。（2）财务职能，非营利组织内部的各个部门或机构通常被确认为不同的责任中心，由部门经理承担工作责任，这意味着各部门被视为支出中心或者服务中心，以事务为中心，做出正确的支出分析。（3）财务管理，非营利组织不同于营利组织，财务管理占有非常重要的地位，需要它们降低成本，提高效率，稳定财务，创造和保持竞争优势。

（三）国外非营利组织的税收政策

各国对非营利组织都有相应的税收优惠政策，但享受优惠的范围、程度等差别很大。在有些国家非营利组织甚至常被称为"免税机构"，而在有些国家非营利组织享受的减免税优惠相对较少。然而，税收优惠政策有其自己的理论依据：理论界认为非营利组织减轻了政府的负担，所以应该享受优惠的税收待遇。非营利组织在健康、教育、照顾弱者、艺术和文化等领域提供了适应社会需要的"公共物品"或"半公共物品"，而这些是不可能由追求利润的商业组织来提供的。所以从整个社会来看，减免税这一方式呈现了它积极有效的一面。

本节主要是在对公共财政问题进行了深入细致的理论和文献考察的基础上，从公共经济学和新制度经济学的视角，研究了事业单位财务管理的相关概念的内涵和外延，论证了创新事业单位财务管理的必要性、原则和路径等问题，最后还研究了外国政府非营利组织财务管理的有关政策措施的内容及其实施的方法、步骤、绩效等，为我国公共财政体制下的事业单位财务管理制度选择与完善，提供经验借鉴。

第七节　事业单位会计和财务预算管理

在社会经济稳定发展的背景下，国家为事业单位发展提供支撑的同时也提出较多的要求。其中，预算管理作为单位资源整合与利用的重要组成部分，是事业单位发展不可或缺的工作，要想促进管理工作效果的提升，应使其适当与财务会计工作整合，形成统一的工作模式，避免独立展开工作从而无法提升单位资源配置效果，进而阻碍单位的稳定发展。因此，在整合二者的过程中，应统一预算编制方法、强化制度建设、细化会计核算、落实信息化建设等多种工作，推进事业单位财务工作水平的提升，将二者整合的价值充分展现。

一、事业单位财务会计预算管理整合的必要性

事业单位在稳定发展的过程中，自身业务量在不断提升，为顺应时代发展，应注重与时俱进，对现阶段工作现状有着透彻掌握，进而制定针对性工作方案，不断提升自身综合能力。其中，财务会计与预算管理的整合，可以规范会计工作，提升单位资源运用的效果，保证信息的完整性和真实性，避免受一定因素限制及影响，对财会信息和财务信息失真问题进行解决，支撑事业单位的稳定发展。然而在实践工作阶段，二者整合仍然存在形式化工作的情况，严重影响整体管理效果的提升，不利于体现预算编制的效果，无法规范经济活动，使单位工作有序进行。因此，在预算管理与财政核算独立工作状态下，应根据实际情况做好全面分析，对当前工作现状有着透彻掌握，了解单位经济活动内容，科学合理制定工作方案，为二者整合提供保障，进一步确保财务会计数据的真实性，提升预算的合理性，有效进行风险控制，认识到预算管理与财务会计整合的价值。

二、事业单位财务会计与预算管理的关系

以事业单位形式进行分析，其在运营发展中，主要是通过多种举措为社会提供服务，而且绝大部分事业单位不以营利为目的，主要通过公益类服务展开，是国家机构的重要分支，具备特殊性。所以事业单位在实践工作开展阶段，财务会计工作中，主要就是对国家分配的财产进行控制，精细化记录事业单位项目的资金运用情况，保证资金科学合理运用，实现资源的合理配置。预算管理工作同样也是事业单位工作内容的重要组成，实践工作主要通过预算编制、执行及全面考核开展，通过不断提升预算管理效果，为执行工作提供保障。需要注意的是，在预算工作阶段，需要将单位各部门财务实际情况作为基础，制定针对性预算编制方案，切实改进当前工作所面临的问题。实际上，财务会计与预算管理工作发挥相辅相成的作用，都是事业单位项目开展的重要组成，财务会计工作重点为内部管理，实现全面展开管理工作，对资金利用情况进行准确记录，预算管理的重点则是对外部进行控制，可以展现自身主导性的作用，要想推进事业单位的稳定发展，应有效整合二者，并透彻分析二者契合点。因此，在实际工作阶段，需要了解二者分离情况，对事业单位资金来源及数额进行统计，保证财务信息的透明化，避免因受一定因素限制导致预算编制与执行效果无法有效提升，影响事业单位的稳定运营。总的来讲，对于二者整合，在探究整合要点的同时，应准确了解二者关系，把握整合阶段所面临的问题，进而根据实践工作情况进行合理化控制，制定符合当前企业发展的模式，切实提升整体工作效果，使其发挥一定的作用及价值。

三、事业单位财务会计与预算管理整合面临的困境

（一）预算编制各部门的地位不明确

事业单位在实践工作中，业务主要为公益类型，目标是为人民带来良好的服务，严格遵循国家要求开展。事业单位各项活动开展质量及规模大小与资金供应情况有着密切联系，要想提高业务活动开展质量，应加强对资金管理的重视，保证财务工作质量，科学整合预算管理与财务会计。然而在实践工作中，即便较为重视二者整合，但各部门地位不够精确，业务部门在实践工作中受一定的因素影响，在制定业务方案中没有充分考虑单位的资金情况，导致单位财务部门主导地位无法体现，各种公益类项目无法顺利推进，制约事业单位的稳定发展。

（二）预算编制不够科学

事业单位应通过科学合理的预算编制整合工作模式，更好地对财政工作进行治理，保证财政资金控制效果，以此推动事业单位业务活动的顺利进行，在深度开展预算资金管理工作阶段，需要对具体规模和结构有一定了解。因此，事业单位在开展年度预算工作阶段，重点工作就是对业务活动项目的梳理，进而对每个项目资金进行调控，不断提升资金评估的准确性，充分发挥多种工作的作用及价值。但是，在现阶段单位预算编制工作阶段，通常以预算支出为基础，与下一年度规划进行核算，进而导致预算与实际情况存在差异，增加预算执行难度，无法有效将预算管理的效能体现，影响二者的整合，无法促进财务工作水平的提升。

（三）预算编制质量不高

事业单位在进行预算编制工作阶段，通常以固定业务模式作为基础，进而会受一定因素影响导致预算编制与自身单位发展情况不符，在预算编制阶段，部分人员对财务会计信息了解不够透彻，没有科学合理地进行整体优化，给会计信息利用效果带来较为严重的影响，无法切实保证实践工作效果。同时，具体业务预测与分析不够准确，从而影响预算执行效果的提升，若实践工作中没有根据实际情况进行规划整合，会产生不利影响。

（四）预算执行控制欠缺力度

预算执行作为事业单位重要工作，是预算管理的重点，但具体开展工作的过程中，由于缺乏预算控制调控，预算执行效率降低，无法保证实施预算目标，在具体工作中难以协调控制，存在预算支出审批程序不严格的情况，各项资金管控不够合理，进而出现预算与预期存在差异的情况，影响实践工作的顺利展开，更加无法实现财务会计与预算管理的整合。

（五）核算科目存在差异

在《政府会计制度》改革的背景下，事业单位财务会计工作较为重要，应通过合理设置核算科目，提升整体工作效果。但是在实践工作开展阶段，由于编制项目与财务会计核算之间存在差异，影响二者关系的有效衔接，导致财务会计与预算管理整合面临一定的难题，若无法根据实际情况对工作进行规范，会产生不利的影响及限制。

四、事业单位财务会计与预算管理整合措施

事业单位运营发展阶段，自身服务水平与工作能力的提升较为重要，应加强对财务会计与预算管理整合的重视，并透彻分析现阶段工作困境，以多种举措的建立推进实践工作的顺利进行，提升整合效果，发挥一定的作用及优势。

（一）做好财务会计和预算管理的工作定位

事业单位财务部门在实践工作开展阶段，应做好相对较为全面的分析，保证各项数据的准确性，切实改进当前工作所面临的问题，强化工作人员之间的沟通，实现业务部门与财务部门信息的准确传递。而且财务部门在工作中需要将准确的信息传递，准确向国家及地方政府传递收入情况，保证预算执行的效果，为下一年度预算数据控制提供保障，切实提升数据信息的准确性。业务部门在根据财务部门提供的信息展开预算编制工作过程中，可以以年度预算总收入为基础，对具体预算编制进行汇总核算，若存在较大差距，应及时与业务部门进行沟通交流，合理调整预算编制内容，做好预算执行和监督指导。同时，在预算管理工作中，业务部门工作人员应积极与财务会计沟通，发挥自身预算作用，传递准确的数据信息，根据收支数据对下一年度总体项目数量进行规划，科学分析预算编制数据，将其递交给相关部门，提升预算编制的准确性。

（二）预算编制方法的确定

事业单位预算编制工作所包含的内容较多，要想全面提高工作效果，应规范工作方法，改进传统工作面临的问题，对工作方案进行有效控制，切实改进所面临的问题，展现实践工作效果，发挥不可替代的作用及价值，避免制约多样化工作的顺利开展。因此，在实践工作开展阶段，事业单位应重视信息化技术手段的应用，保证数据准确性的同时，应根据实际情况展开工作，透彻分析预算开支，运用审核及控制等多种举措调控整体工作。对于预算编制内容，所涉及范围较大，为提高整体工作处理效果，应构建科学合理的财务会计指标体系，在制定指标的过程中对事业单位内部水平有着一定掌握，做好综合考量，推进预算管理与会计工作的有效整合，为事业单位财务预算工作的顺利进行提供保障。

（三）预算管理制度的健全

在时代稳定发展背景下，信息技术已经广泛融入各个领域当中，推进事业单位会计电算化的应用，顺应信息化时代发展。因此，在实践工作开展阶段，要想将电算化的效果展现，应意识到财务流程管理的重要性，并积极完善预算管理制度，在工作中加快管理观念的转变，实施全过程管理与控制，以单位自身发展情况为基础，寻找财务会计与预算管理的契合点，做好更为全面的规划工作，将战略部署作为后续工作顺利进行的保障，进一步规范预算审核，强化整体管理效果。事业单位在财务会计与预算管理整合阶段，应健全预算审核机制，尤其是在信息化的推动下，审核机制的健全可以更好地对实践工作进行控制，朝智能化方向发展。与此同时，事业单位还应该明确预算管理方案，加强对预算审批与监督机制整合的重视，加强对审核过程的监督控制，针对预算流程进行合理分析，落实好各个工作流程，从而进一步增强审核效果。

（四）统一规范科目设定

事业单位财务会计与预算管理工作在本质上存在一定的差异，而且工作侧重点不同，在实践工作中应根据实际情况制定详细的规划工作，支撑后续工作的顺利进行，避免受一定因素影响及限制，更好地对预算管理进行规范。例如，事业单位围绕项目展开预算管理工作阶段，需要对项目所包含的内容进行统筹规划，与财务会计和预算科目整合，对科目进行统计设定与规范，做好前期培训与管理工作，帮助财务会计了解各项工作要点，进一步提高财务人员的专业化水平，以此促进事业单位预算管理和财务会计整合效果的提升。

（五）细化财务会计核算

事业单位在运营阶段，对财务会计工作较为重视，是保证财务工作顺利开展的基础。而预算管理是业务部门对项目分析的重要工作，要想保证数据的准确性并推进实践工作的顺利进行，会计与预算人员在实践工作中应注重协调配合，理清二者之间的关系，细化财务核算工作，根据会计信息预算项目数据，为后续工作的顺利开展提供保障。同时，财务会计在核算工作中，需要对业务核算进行细化控制，合理对成本进行控制，并通过成本分摊及多种工作处理的方式，为预算工作的顺利展开提供保障，提升预算管理水平。

（六）强化预算执行控制

事业单位在实施预算管理工作阶段，应根据实际情况进行合理控制，了解预算执行的重要性，积极展开审批工作，严格遵循预算支出管理，明确预算责任，优化预算审批流程，确保具体流程科学性与合理性。其中，在对专项资金进行审核阶段，应加强对监督控制的重视，保证资金利用的合理性，避免受违规情况的影响。以资金管理为工作重点，规范收支管理，对支出与收入准确核算。同时，财务部门在工作中，应科学展开预算分析，以动态与静态分析作为保证，结合会计核算信息，确保可以顺利完成核算目标。然而，对于预算管理存在的偏差，应建立针对性工作方案，对问题产生的原因有一定掌握，为后续目标的实现提供提障。

（七）强化预算绩效控制

事业单位财务会计与预算管理工作的整合，需要在具体规章制度上，构建相对较为完整的财务管理机制，强化对内控制度建设的重视，实现对财务行为的监控与管理。针对预算管理与绩效管理工作的开展，应执行科学绩效考核方案，明确工作目标，推进二者工作的整合，使实践工作效果不断提升。与此同时，在实施预算绩效考核工作阶段，需要以绩效评价为重点，结合现有数据信息，对比绩效考核目标与实践工作情况，对二者之间的差异进行分析，更加合理地进行控制，采取相对较为准确的措施，保证绩效考核目标的实现。

（八）信息技术的合理运用

在事业单位改革发展的背景下，应顺应时代发展，对《政府会计制度》改革有充足掌握，合理将信息技术融入实践工作当中，建立具备分析功能的信息电子化系统，对财务部门会计核算信息和业务部门预算经济管理进行合理化控制，健全预算编制方案，利用系统进行数据的检索与收集，提升数据分析的准确性，为实际预算编制工作的顺利开展提供保障。在系统工作中，财务部门应对预算编制进行控制，准确掌握实际执行情况，对现阶段工作存在的问题进行合理化控制，及时做好沟通管理工作，提升预算管理工作效果，推进财务会计和预算管理工作的整合。

总而言之，在时代稳定发展下，加强事业单位预算管理与财务会计工作整合可以推进企业健康发展，深化单位改革，有效将《政府会计制度》融入实践工作当中。但是，在具体实施改革与整合工作阶段，受形式化工作态度及制度体系建设不全面等因素限制，无法提升整体管理的效果。因此，事业单位应予以重视，根据时代要求对工作方案进行改进，融入信息化手段、健全制度体系，以多种举措促进财务会计与预算管理工作的整合，为事业单位的发展提供保障，更好地为人民服务。

第四章 事业单位财务管理体系构建

第一节 基于财务管理视角的事业单位税收筹划

在事业单位改革发展的进程中，新时期国家相关的政策与监管机制不断完善，如何更好地保证财政资源科学分配和利用，切实提高事业单位资源最大化利用成效，成为目前事业单位财务管控工作的重点。对于事业单位而言税收筹划是一项重要的基础工作，面临新的政策和市场环境形势，加强税收筹划，全面提高财税风险管控成效，是事业单位各项工作开展的根本。受到多方面因素的制约，当前事业单位在税收筹划方面还面临诸多的困境和不足。加强财务管理视域下事业单位税收筹划工作现状与完善对策探析，意义深远。

一、税收筹划的内涵与意义分析

税收筹划是指相关部门根据国家税收管理政策，为了合理避税等对税务部门的税收收取工作全面规划和科学应对的方法和机制的统称。总体来看，税收筹划的方式主要可以分成四类，分别为避税筹划、转嫁筹划、节税筹划、涉税零风险管理等方式。其中避税筹划是指利用合法手段获得税收收益的模式。转嫁筹划则主要是通过组织自身税收支出转移的方式来应对的一种模式。节税筹划是指借助国家当前的税收政策等合理进行利用，进而不断降低交税税率的模式。最后涉税零风险管理是指在合法合规的前提下通过积极探索纳税申报的正确方式，进而最终有效避免受到处罚或者罚款的模式。

对于事业单位而言，随着体制改革进程的有序推进，新的形势下事业单位自身也面临严峻的市场挑战。加强税收筹划探究，一方面可以更好地引导事业单位认识到依法纳税的重要意义，切实认识到自身在税收等方面的权责，更有利于深入研究国家和地方相关的税收政策，以此为基础不断加强财务精细化管理，全面减轻税费负担，最大限度提高管理效能。另一方面通过积极探索税收筹划新模式，可以更好地引导事业单位围绕不断提高利润率等加快自我完善和革新，不断提高工作方式方法的创新性并围绕成本管控等积极探索降低缴税比例和风险的具体措施，全面提升合法管理成效和成本管控效能，推动资源实现最大化。通过税收筹划也有利于增强事业单位在纳税方面的积极性，减少偷税漏税行为的发生，最大限度保障其实现持续高质量发展，推动国家经济社会建设有序发展。另外对于事业单位而言虽然开展收税筹划有助于减轻应缴税款的负担，但是实质上损耗了国家的利益。

二、当前事业单位在税收筹划方面暴露出的问题

目前在事业单位税收筹划方面主要暴露出的问题有：

税收筹划重要性认识不足。事业单位虽然面临体制改革的严峻考验，但是很多事业单位往往习惯于经验管理，没有认识到市场形势的激烈变化对自身带来的危机和影响，没有针对税收筹划等方面加强政策研究并深入分析自身在税款缴纳等方面面临的风险等，对税收筹划工作重视度不够，也没有围绕财务管理和成本管控等工作的开展建立完善的现代化管理机制等，从而不利于税收筹划工作的有序开展。

上级部门指导力度不足。加强事业单位税收筹划，需要紧密结合政策的要求等有序合法组织开展，为此应当争取上级部门更多的支持，这样才能更好地合理避税。但是当前上级部门围绕税收筹划等方面没有进行政策的宣传等，也没有对事业单位税收筹划工作的开展情况建立常态化的监管机制，从而导致事业单位税收筹划工作开展不力，很多问题或风险没有及时进行预测和全面应对，难以提高税收筹划的有效性。

财务队伍素养需要加强。事业单位税收筹划工作的开展需要依靠广大财务管理人员积极参与和全面支持，并不断探索科学的方法等进行研究和实践，这样才能更好地保证工作成效。但是当前事业单位在财务人员队伍建设方面重视度不够，没有及时开展全方位的技能培训，在税收筹划等知识理论宣传以及实践层面没有形成系统的培训机制和完善的激励机制，进而不利于激发财务管理人员深入积极开展纳税筹划等方面的工作探究积极性，也不利于为组织的持续发展提供可靠的人力支持。

二、基于财务管理视角加强事业单位税收筹划的措施

（一）转变观念，增强税收筹划意识

事业单位首先要做的事情是转变落后的税收观念，优化工作作风，积极地应对国家税收政策，完善事业单位税收筹划工作。作为我国的公共事业部门，应起到带头作用。提高组织的税收意识，讲求实效。从传统的管理理念看，纠正政策公共服务配置等公共事业单位的错误观念并不重要。为了提高对税收法律的认识，业务部门负责人的具体财务人员，首先要培养财务人员的专业素质，进一步增强税务筹划的专业技术能力，结合自己的单位的实际情况，对其他的同类型单位进行税收筹划方面的研究，取其精

华，结合我国税收的相关政策和优惠政策，全面了解和认识事业单位税收的重要性，以此作为事业单位税收筹划优化的基础。

（二）增强事业单位财务人员的专业技术素质

各事业单位应从政治角度加强对财务人员进行税务规划方面的专业技能培训。税务筹划是一项技术性较强的工作，需要财务工作人员对我国的税收政策进行全面的了解，同时，对时下的税收优惠政策进行分析，甚至是需要对未来短时期内税收政策的变化进行预测。工作人员需要对税收的各流程、各环节了如指掌，所以需要定期地进行税收筹划培训工作，组织财务人员认真学习国家税收相关法律法规，引进一批具有较强专业技能和坚实理论基础的优秀税务筹划人才。财务人员的专业能力和综合素养对税收筹划工作的有效开展有着直接的影响，所以应提升税收筹划能力，提高税收筹划的质量，完善税收筹划全面工作。

（三）优化财务工作体制

事业单位要进一步优化财政体制工作，开始完善财税筹划的有关规章制度，进一步规范财税筹划工作，建立人才选拔机制，从根本上提高税务筹划和税收筹划的业务能力。优化建立和处理机制，在公平公正的活动中力求卓越，切实提高事业单位工作人员的积极性，进一步提高财务人员的素质及其在税务规划方面的专门知识水平。要不断完善财务从业人员专业培训体系，制定科学合理的评价方法及激励和处罚措施，加强事业单位财务人员专业水平的评估，奖励事业单位财务工作人员的专业技术水平。同时，要加强对财务人才的培训，重视优秀财务人员的后备组织，确保优秀财务人员在晋升和处理上相应改进，逐步建立有效的激励机制，消除财务事业单位在这方面存在的弱点。

（四）加强对事业单位税收政策指导

就目前现状而言，我国的事业单位在税制改革方面的认识普遍不够，在面对我国各种税收法律政策的时候有很多不全面的认识，直接导致了事业单位税收工作中出现问题。在税制改革中，一些事业单位不知道国家的税收优惠政策，导致一些事业单位未能有效实施国家有关的税收优惠措施。国家有关税务事业单位应当组织有关职能部门进一步加强对基层税务工作的指导，加强各项法律法规的宣传，加强对事业单位的税收优惠政策，加强依法治税的事业单位，要求事业单位加大税收筹划力度。

综上所述，本节通过对事业单位税收筹划的发展现状进行分析，找到了事业单位在税收筹划方面的意识薄弱、财务管理人员的综合素质和能力有待提升、税收筹划实践能力低下等方面的问题，并提出了转变观念、增强税收筹划意识、增强事业单位财务人员的专业技术素质、优化财务工作体制、加强对事业单位税收政策指导等方面的措施，希望本节的研究能够对事业单位提升税收筹划的整体能力有所帮助。

第二节 事业单位财务管理信息化建设

随着社会的不断发展，在给事业单位带来发展机遇的同时，也对其提出了更高的要求，加强财务管理信息化建设是事业单位提升自身发展水平的重要手段，相关单位必须予以重视。但是受到各种因素的影响，财务管理信息化建设难免会遇到一系列问题，事业单位必须及时发现问题，并结合实际情况找到解决对策，以促进单位的高质量发展。

一、事业单位财务管理信息化建设的重要性

（一）提高财务管理水平，避免财务风险

财务管理信息化建设在事业单位中的实际应用，有助于事业单位财务管理信息化体系的建立与完善，从而可以利用现代信息技术的手段统一整合有效财务信息资源，同时实现事业单位内部管理人员以及工作人员整体共享财务信息资源的目标。此外，财务信息资源共享的管理方式，不仅提高了事业单位的管理水平以及工作效率，同时对事业单位的整体工作情况也有了更清晰的定位，在出现风险问题时可以及时有效地解决。

（二）信息化技术在事业单位发挥最大价值

现代化信息技术作为当前社会发展的核心力量，对事业单位信息化建设有很大的影响，信息技术是事业单位赢得市场竞争的主要因素。因此事业单位要认识到财务管理信息化建设的重要性，在事业单位发展过程中，要及时利用信息技术完善和创新自身的综合发展能力，从而提高事业单位的工作效率以及工作质量，保障财务管理信息化建设。

二、事业单位财务管理信息化建设所存在的问题

（一）事业单位管理阶层意识缺乏，没有明确的需求

财务管理信息化建设中关于信息化的体现不仅是关于财务管理的内涵，也是财务管理过程中管理理念、具体形式以及资金运作等多个方面的内容体现。目前事业单位的管理阶层对财务管理信息化建设的意识不足，主要产生以下两个方面的影响，一方面是会影响财务管理信息化发展，从而出现事业单位财务管理信息相关的技术以及资金上的问题；另一方面是管理阶层对财务管理信息的认知缺乏，事业单位财

务管理建设过程中设备等细节工作的不到位，从而影响了财务管理核算的精准度。这两个方面最终会影响事业单位对财务管理信息化建设的决策。此外，事业单位管理缺乏明确需求意味着对财务管理信息化的具体功能以及相应解决的问题没有明确的认识。

（二）事业单位对财务管理信息化建设体系建立不完善

我国事业单位在财务管理信息化建设发展规划中存在的一些问题导致财务管理信息化建设体系不完善，下面将问题列举如下。其一是由于财务管理信息化建设在我国事业单位中兴起时间较为短暂，因此管理阶层对财务管理信息的具体规划没有明确的认识；其二是财务管理信息具体工作形式受外部多种环境的影响，导致事业单位在发展过程中财务管理的具体工作内容也会有一定的差异性，使事业单位在制定财务管理相关规定时无法统一化；其三是事业单位管理阶层对信息化理念的理解存在误差，影响了财务管理建设的同时也使财务信息化建设体系不完善；其四是事业单位内部环境因素所引起的，由于事业单位管理阶层分工不明确，导致关于财务管理信息建设的体系建立以及制度设立两个方面在前期规划和后期实际运作中出现差异。

（三）财务管理信息化核心内容落后以及软件水平低

首先，财务管理信息化建设的核心内容，随着信息技术的兴起在财务管理信息化建设中作为核心内容存在，但是由于事业单位对信息技术存在认知匮乏，并且财务管理信息化相关设备的引进与操作都不能满足信息技术的标准，导致事业单位财务管理信息化核心内容落后。

其次，财务管理信息化建设的软件水平，软件水平的提升主要包括软件的开发和事业单位对软件的使用两个方面。关于软件开发方面，财务管理信息化软件的开发需要具备专业技能的技术人员和软件开发环境的优势，但是目前就我国大多数事业单位的软件开发能力而言，并不具备开发财务管理信息化软件的水平和环境，我国事业单位所受外部限制因素过多，加之在硬件上的技术以及资金投入得过少，使财务管理信息化软件开发受阻；另外，目前基本成型的软件已经被安装到事业单位财务管理信息化建设中。但是目前大多数事业单位对软件的使用并没有完全掌握，只是针对财务管理信息化建设中的基础性的工作有所使用，软件的真正效用并不能在事业单位的日常工作中完全发挥，这不仅阻碍了事业单位财务管理信息化建设的工作，还影响了关于财务管理信息化软件的深度研发。

（四）相关工作人员能力不足

事业单位在进行财务管理信息化建设的过程中，培养提升相关工作人员专业能力具有极为重要的意义。而财务管理工作本身具有较为复杂的内容，需要相应工作人员具备专业的财务管理理论知识，其中具体包含会计应用知识、统计知识以及单位内部相关的业务理论知识。除此以外，财务工作人员还需要掌握相关法律知识。想要实现财务管理信息化建设，还需要工作人员具备专业的计算机技术操作水平，能够精确利用计算机技术进行财务运算工作，从而保障计算机安全的同时确保事业单位各项资产的安全。但就当前实际情况来看，大多数事业单位内部充分了解财务知识的专业人员较少，加之对计算机技术的实际需求，工作人员自身具备的知识结构有限，单位针对工作人员的培训工作也没有完全落实，对工作人员专业能力提升工作并未重视，使单位内部相关工作人员专业能力不能真正有所提升，从而对实现财务管理信息化建设工作产生阻力。

三、强化事业单位财务管理信息化建设的对策

（一）结合创新理念强化管理人员意识，明确需求

关于事业单位管理阶层对财务管理信息化建设的创新理念意识，想要提高财务管理信息化在事业单位中的实际应用能力，首先，强化管理人员对财务管理信息建设的认知度，只有管理阶层的人员对财务管理信息化的重要作用有所掌握和了解，才能保障后续实际应用财务管理信息建设工作的开展。其次，需要将创新财务管理信息化作为主导核心内容建立于事业单位发展规划中，有助于后续事业单位对财务管理信息化投入资金技术的运作，从而使财务管理信息化建设在事业单位进行更有效地整合。最后，事业单位对财务管理信息化建设的创新发展规划，大致分为三个步骤，第一是事业单位需要在符合国家发展需求的标准下对自身发展情况进行判断；第二是对事业单位的具体工作根据管理制度进行调整完善，利用现代化信息技术的优势帮助事业单位财务管理信息的相关制度合理运行；第三是完善创新财务管理信息化建设的工作，以信息技术为手段改进事业单位传统的财务管理模式。

（二）完善事业单位财务管理信息化建设体系

针对我国事业单位的财务管理信息化建设体系存在的问题，提出相应的解决策略。首先是事业单位财务管理信息化建设体系的规划要和事业单位财务工作的流程保持一致性。需要事业单位管理阶层的人员强化对财务管理信息化建设的相关知识，从而有助于管理人员对事业单位内部工作人员的管理，同时有助于事业单位财务管理信息化建设。其次是事业单位财务管理信息化建设的应用要进行全面化考量，根据事业单位发展，从社会经济发展的规律进行全面化考量，再结合事业单位自身内部的实际发展情况，建立具体化符合实际需求的事业单位财务管理信息化体系。最后，不断完善建立财务管理信息化建设体系，从而可以提高事业单位财务管理部门的工作效率，促进事业单位财务管理信息化的发展。

（三）优化财务管理核心内容，提高软件水平

关于事业单位财务管理信息化核心技术内容的优化，首先是事业单位对创新理念的认识，只有对财务管理核心内容信息技术进行掌握，同时不断创新发展财务管理信息化理念，才可以通过信息技术手段帮助事业单位建立有关财务管理信息建设的平台体系。其次是事业单位对财务管理信息相关资源以及工作的具体处理，事业单位中财务管理信息的资源量极其丰富，因此在处理财务信息时，可以利用构建的财务管理信息化建设平台，以信息技术为手段将信息进行有效的整合，从而提取出有关键价值的财务信息。

关于事业单位财务管理信息化建设的软件水平提升，一方面是软件开发技术的提升，对于缺乏软件开发技术以及环境优势的事业单位，可以选择与优质的软件开发公司合作，通过交流了解事业单位具体的情况，从而共同制定出符合事业单位需求的财务管理信息化建设软件；另一方面对于具备开发技术以及环境的事业单位，通过招聘具备专业开发软件技能的人才，并且提供优质的环境来开发财务管理信息化建设的软件。

（四）培养相关工作人员能力

事业单位想要实现财务管理信息化建设，需要进一步对相关工作人员能力提出更高要求，财务工作人员不仅需要具备专业的财务技能，还需要充分掌握计算机系统的操作流程，从而提升财务管理信息化建设的利益。首先，事业单位需要从招聘流程严格把控，不仅要考核招聘人员的学历，还需注重其实际操作能力，具体包括财务报表分析、计算机操作技术等，通过多方面的考核，有利于保障单位财务工作人员的专业能力；其次，需要针对单位内部工作人员组建培训活动，通过开展培训活动强化工作人员专业能力，也能够促使工作人员了解掌握最新的处理手段；最后，事业单位财务管理信息化建设工作较为复杂，需要相关工作人员具备足够的专业能力，因此，事业单位需要定期对工作人员能力进行考核，及时督促工作人员严格要求自己。

综上所述，事业单位财务管理信息建设中最为主要的是管理阶层人员的思想意识，管理人员对财务管理信息化的重要作用有清晰的认识，同时在事业单位实际应用过程中要以国家社会经济发展的具体情况作为依据，分析事业单位自身的发展状况，从而利用信息技术的手段对事业单位财务管理工作整体能力进行提升，从而提高事业单位工作人员工作效率。

第三节　公益事业单位财务管理体系的构建

在社会主义市场经济改革的深化发展下，公益性事业单位为了更好地适应社会主义经济发展需要，对财务经费管理提出了更高的要求，比如降低不必要的开支、降低财政负担等。在对事业单位各种财务管理理论的深入研究和应用中，事业单位的各种财务管理模式在探索中得到了提升。在新的历史时期，公益事业单位财务管理需要结合公益事业单位发展特点和财务管理原则，从积极转变思想，完善财务管理制度，加强内部控制管理，实现对最新现代信息技术的应用等方面进行改革。

一、公益事业单位的财务管理内涵

涉及货币资金经济关系的单位都需要进行财务管理。财务管理具体是指在整体目标要求下对企业发展资产的购置、资本的流通、资金的运营和利润分配等财务管理活动进行处理。现阶段财务管理的重要性日渐突出，公益事业单位的财务管理是财务管理的一个分支，其财务管理和一般单位相比，不是简单的预算管理，也不是单一的企业财务管理，而是结合了预算管理和财务管理多种内容。公益事业单位的财务管理目标是在保证单位稳定运行的基础上实现效益的最大化。

二、公益事业单位财务管理发展现状

（一）财务资金管理不到位

在新的历史时期，公益事业单位财务管理发展的主要问题是资金的缺乏，具体表现为在具体的运营管理中，财务人员缺乏对资金的合理管控能力，导致资金的应用处于一种分散管理状态，无法充分发挥出资金对公益事业单位发展的重要作用。

（二）财务管理理念落后

在社会主义市场经济的深化发展下，公益事业单位发展进入到市场化模式，在公益事业发展变化的情况下，管理人员并没有对公益单位市场化经营下的市场风险问题进行深刻的认识，也没有做出有效的风险防范措施。同时，公益单位管理人员忽视了管理工作，在实际工作中也不具备财务风险管控能力。

（三）财务预算管理体制不完善

公益事业单位在发展的过程中虽然制定了全面、规范、公开的预算管理制度，但是随着社会经济的发展，原有的预算管理制度不再适应社会发展需要，且预算管理也呈现出越来越多和社会主义市场经济发展不适应的问题，导致公益事业单位的财务管理偏离目标发展。

（四）财务管理缺乏有效的监督

公益事业单位的财务监督是财务管理人员的一种自我检查方式，对强化财务管理风险防范和内部控制起到了重要的作用。但是现阶段一些公益事业单位缺乏有效的监督管理体制，在具体的财务管理上没有做到明确分工，使得财务监督工作流于形式，甚至还会出现违法乱纪的行为。

（五）财务网络管理发展落后

信息网络的发展对公益事业单位的财务管理带来了深刻的影响，但是现阶段一些公益事业单位的财务管理仍然停留在手工操作阶段，财务管理人员不了解各个财务管理软件的应用，在对财务数据信息的收集、分析和管理应用上缺乏统一性，在很大程度上制约了公益事业单位的发展。

三、事业单位以财务为中心的内控管理体系构建

事业单位以财务为中心的内控管理体系构建，应以事业单位财务管理体系建设为基础和前提，通过财务体系的构建，逐步呈放射状扩散，构成事业单位内控管理的网状体系，涵盖事业单位内控管理的财务管理、法律事务管理、固定资产管理、采购管理、人事管理等各个方面。

在构建事业单位以财务为中心的内控管理体系中，应建设财务管理的体系。通过财务管理体系的建设和完善，实现以财务为中心的内控管理体系建设。从事业单位财务管理的实践看，事业单位财务管理体系主要应从以下几个方面进行建设。

一是对现有事业单位财务管理体系进行建立健全与完善，通过制度建设来实现事业单位财务管理的合法合规建设。在制度建设的过程中，首要的任务是进行有效的财务风险与财务管理风险的防范，然后是对财务管理工作各个环节的梳理与优化，通过财务管理工作的内部管理体系的建设，实现财务管理的效率与质量的提升。此外监督体系的构建也是以内控管理中财务管理的重点，通过内部与外部监督相结合的监督机制建立，实现财务风险及财务管理风险的有效防控。

二是健全事业单位财务管理的具体管理规范，由于在构建内部控制体系的具体实务操作指导方面没有具体性的说明，在具体运用中仍然需要不断根据自身情况进行调整。这就导致大多数事业单位在构建财务管理机制时出现茫然的现象，面对大框架不知道如何进行具体的构建与应用。在规范的制定与执行过程中，应从事业单位自身发展和为经济社会提供公益服务的特点出发，在相关法律法规、政策指导意见的制定过程中，对事业单位财务管理的指导思想、基本准则、管理内容、相应规范等方面的内

容进行充分的研判并完善，同时也应根据执行的效率与效果进行动态的调整与修正。

三是提高对财务管理工作的重视程度，在事业单位的财务内部管理工作中往往伴随着一定的风险。首先，需要事业单位的管理人员树立合理的风险意识，正确地认识风险、管理风险，提高预测风险的精准性，以保障事业单位的稳定运营和健康发展。其次，我国的事业单位需要建构与其职能配套的责任追究机制，严格按照该机制的标准来约束和监督各岗位人员的职责，一定程度降低单位出现不良行为的可能性。再次，事业单位需要不断完善人员考核机制，严格入职标准，要求财务管理人员一律持证上岗，定期组织对财务管理人员的培训，定期分类分期分批地开展财务管理工作的研讨班，组织各级预算单位负责人、财会人员及单位领导进行研讨，注重提升财务人才队伍的水平，从内部控制环境和内部控制意识上使管理人员对财务内部控制体系构建重要性的认识。最后，事业单位应该进行根据不同的主题季度财务会审，明确每个季度会审的检查重点，在会审前需要讨论详细的方案，在会审后则需要以书面通报的形式汇报会计工作的重点情况、各项财务制度完善进度和执行情况等，并根据报告指出的问题制定和执行有效的整改意见，及时规范会计行为。

四是建立财务管理考核体系，完善的评价考核体系有利于事业单位对财务内部控制情况的掌控，在发现问题的同时需要提出相应的改进建议和完善措施。我们相信在这样的环境下，事业单位的核心竞争力、经营活动的控制力和执行力都能得到不同程度的提高，进而实现其战略发展目标。此外，科学的财务管理考核体系也能够保证财务管理体系在公开公正合理的环境下促进事业单位的发展。

事业单位以财务为中心的内控管理体系构建，则是应在财务内部管理体系的构建基础上，在事业单位内部控制管理制度、事业单位内部控制管理岗位设置及岗位职责内容、事业单位内部管理的流程、事业单位内部管理的监督、事业单位内部管理的评价以及事业单位内部管理的绩效考核等方面协同建设，从而形成事业单位内部控制管理的完整体系。

一是事业单位以财务为中心的内部控制管理制度体系，制度建设是事业单位内控管理建设的前提和基础，通过相应的制度体系建设能够使事业单位内部控制管理有据可依，实现规范管理。在事业单位以财务为中心的内部控制管理制度体系建设中，应围绕着事业单位内部管理的财务、法律事务、固定资产、采购四大主体内容进行一级制度制定，在一级制度制定的基础上对一级制度下的相关细化制度进行制定，使各个内容有制度保障。在事业单位内部控制管理的制度建设上，应按照财务、法律事务、固定资产、采购的国家法律法规及相关政策，结合事业单位发展的实际进行与事业单位发展实际相应的自身制度建设。

二是事业单位以财务为中心的内部控制管理的岗位设置与岗位职责体系，事业单位内控管理中重要的是对事业单位内部各个管理与服务岗位进行设置，通过岗位设置能够使各个岗位，特别是行政服务岗位的职责清晰、明确，能够使事业单位内部控制管理的各个岗位各尽其职，更好地完成事业单位内部控制管理的相关工作，从各个管理岗位的实际出发，共同发力、精准发力，实现事业单位内部控制管理的水平、效率和质量提升。在岗位设置的过程中，应结合事业单位自身的职能和为经济社会发展服务的实际需求，同时也应根据事业单位自身人员的特点，充分发挥行政管理人员、专业技术人员、工勤人员的特长和能力，使岗位设置发挥每个人的能力，更好地服务经济社会发展。

三是事业单位以财务为中心的内部控制管理的流程再造，事业单位以财务为中心的内部控制管理重要的是对于流程的梳理与再造，通过流程梳理，将顺事业单位内部控制管理中的各个环节，使内部控制管理发挥最大的效能，从而实现单位内部管理的科学性、规范性。特别是对于事业单位财务管理应根据财务管理过程的一般规律，从事业单位财务管理活动的发生、事业单位财务管理的审批、事业单位财务管理的财务复核以及事业单位财务管理的终结四个环节进行相应的流程设置，以及流程权限的设置，通过流程管理能够有效防范事业单位财务风险以及财务管理风险，带动事业单位内部管理的合法合规，从而进行有效科学规范。

四是事业单位以财务为中心的内部控制管理的监督机制与体系，监督能够有效提升内部管理的效率和质量，在事业单位以财务管理为中心的内部控制管理过程中应建立监督机制和相应的体制，在监督机制和体制建立过程中，不但要发挥事业单位自身的监督，同时还应引入外部监督，通过独立于事业单位之外与事业单位发展相关领域的专家进行第三方的监督，能够使事业单位内部控制管理的建设更加合法合规，规范有序。

五是事业单位以财务为中心的内部控制管理的评价体系，对于事业单位以财务为中心的内部控制管理建设而言，应对事业单位内部控制管理的效果进行定期和不定期的评价，通过评价能够及时地发现在内部控制管理中存在的问题，及时发现存在的问题、及时整改，使事业单位内部控制管理的水平和质量得到提升，从而实现事业单位高质量发展，更好地服务经济社会发展。

六是事业单位以财务为中心的内部控制管理的绩效考核体系。绩效考核是事业单位内部管理的重要手段，通过绩效考核不但能够使事业单位工作人员有足够的工作积极性，同时也能够通过绩效考核实现事业单位工作效率的提高。与人员绩效考核相对应的对事业单位内部控制管理也应进行绩效考核，通过绩效考核为提高事业单位内部控制管理的水平和质量。

事业单位内部控制管理的中心是财务管理，财务管理应在新政府会计准则下实现各类财务管理活动，同时通过财务管理带动事业单位内部管理的各个内容、各个环节，从而实现以财务为中心的事业单位内部管理带动事业单位更好地服务经济社会发展。

第四节 行政事业单位财务管理加强财政资金管理

在行政事业单位发展中，所需要的资金主要来源于国家财政，通过管好用好财政资金，可以更好地发挥行政事业单位的职能，可以使行政事业单位的各项收入和支出配置更加合理化，从而确保每一笔资金都能更好地发挥其有效作用，促进行政事业单位健康发展。

一、加强行政事业单位财政预算资金管理的意义

（一）提高财政资金使用规范性

在事业单位发展中，加强行政事业单位财政预算资金管理，可以使每一笔财政资金更加合理地使用，保证了财政资金专款专用，使用规范。

（二）有助于提高财政资金使用效益

在事业单位发展中，单位既可以根据资金规模科学谋划各项重点任务，同时又能按照各项工作的实际进展实时合理地安排资金支出，从而使财政资金得以科学利用。

（三）有助于单位收入与支出的平衡

"量入为出"是行政事业单位资金管理的基本原则。实际工作中，单位要根据可实现的收入，对每一笔支出资金进行合理分配，在确保收支平衡的前提下，发挥资金的最大效能。加强财政预算资金管理，可以使单位收入和支出更加平衡，防止盲目花销造成资源浪费现象，促进行政事业单位良性发展。

（四）有助于单位统筹规划协调发展

在行政事业单位发展中，各部门都有其对应的工作职责，不同的职责任务所需的发展资金也不一样，为了提升整体管理效果，需要对各部门的成本费用进行统一预算管理。加强对行政事业单位财政预算资金管理，可以更好地统筹规划各部门的工作经费，促进单位事业协调发展。

二、行政事业单位财政预算资金管理工作中存在的问题分析

（一）重视程度不够

近几年来，中央和地方政府财政资金投入量不断加大，行政事业单位发展中各方面资金都比较充裕，"紧日子"的现象得到缓解，导致部分行政事业单位对财政预算资

金管理工作不够重视。另外，在行政事业单位发展中，"重工作、轻管理"的情况普遍存在，对财政预算资金管理有所忽视，导致部分单位财政资金管理出现混乱。

（二）预算管理体系有待完善

尽管国家先后出台了一系列财政预算资金管理制度，使行政事业单位资金管理水平得到极大提升，但要适应事业快速发展的需要，预算管理体系还有待进一步完善。如对财政资金预算执行中的内控建设、调整制度以及绩效评价机制等尚不健全，导致行政事业单位财政预算资金管理效果不够好，预算执行得不到很好的落实，一些工作不能顺利完成，使行政事业单位职能不能很好发挥。加强财政预算资金管理，可以使行政事业单位日常工作更加规范化，成效更加显著。

（三）预算编制不符合单位发展实际情况

行政事业单位财政资金预算编制不符合自身发展实际情况，会对单位发展产生不利影响。在财政预算资金管理工作中，科学的预算编制是基础，只有对工作任务、资金需求、市场动态认真做好调研，才能确保预算编制的科学性，促进单位健康发展。

（四）缺乏有效的监督与评价机制

由于行政事业单位的财务部门依附于本单位及其领导，对一些不合理资金支出行为难以做到独立、客观、公正、严格地制止，再加上单位监督管理办法不健全，对财政预算资金支出缺乏科学的监督机制，容易导致后期出现资金随意支配的情况，对单位财政预算资金管理产生不利影响，降低了财政资金的使用效益和安全性。

（五）工作人员对财政预算资金管理水平有限

行政事业单位的财政预算执行涉及各个部门，需要全员参与。财务人员对财政资金的预决算编制、资金收付、信息报告等较为熟悉，但对预算执行进度快慢、资金列支内容是否真实等情况难以掌握；而其他部门人员多注重自己的工作任务能不能完成、资金是否顺利支付等，对预算执行是否合理、资金列支是否合规缺少应有的法规意识。正是由于工作人员对财政预算资金管理水平有限，导致在实际工作中财政预算执行情况不够好，财政资金使用效率不高。

三、行政事业单位财政预算资金管理工作策略分析

（一）提升对财政预算资金管理工作的重视程度

加强财经政策宣传、业务知识培训等，可以使工作人员端正工作态度，提高财政预算执行的法规意识，坚持财政资金预算管理、专款专用、依法列支、高效使用的原则，规范合理地使用财政资金，不断提高财政预算资金管理水平。

（二）完善财政预算资金管理工作体系

在日常工作中，财政预算资金运用是否合理与预算编制工作质量好坏有直接关系，只有各项预算编制科学，财政预算资金才能得到合理使用，才能使财政预算资金发挥出重要的作用，而完善的工作管理体系，正是各部门通力合作编好财政资金预算的保障。另外，完善的管理工作体系，可以对预算编制工作的各个环节进行细化，明确责任分工，保证预算编制工作的时效性和准确性。

（三）健全预算编制的相关制度

在预算编制工作中，坚持资金"量入为出"原则，要以财务部门为统领，其他部门合力参与，在广泛调研的基础上，按照单位年度工作目标，分门别类地科学评估事业发展的资金需求，制订出合理的支出计划，达到资源优化配置的良好效果。另外，在进行预算编制时，需要对行业的发展前景和单位发展情况做好预测工作，保证预算编制和单位发展目标一致，构建一个完善的预算编制体系，为以后做好财政预算资金管理工作奠定基础。

（四）建立健全监督与评价机制

首先，按照国库集中支付制度、政府采购制度等国家财经法规严格预算执行；其次，通过单位内部控制建设，研究出台财政预算资金管理办法、资金支付审批规程等系列规章制度，把财政预算资金的管理、使用纳入制度化轨道，做到以制度管人、以制度管事，实现有效监督；最后，建立完善的绩效考核评价机制，定期对财政预算资金管理和使用效果进行考评，奖优罚劣，形成良好的激励机制，强化对财政预算资金的规范管理。

（五）充分利用现代化的信息技术手段

随着科学技术不断发展，信息化管理手段在各个行业广泛应用。行政事业单位在对财政预算资金管理工作中，要充分利用现代化的信息技术手段，使财政预算资金管理信息查询、资金收付、预算执行、绩效评价等工作更加快捷高效，不断提高财政预算资金管理水平。

（六）提高财务人员的综合素质

加强行政事业单位财政预算资金管理，需要不断提高财务人员的综合素质。一是通过定期举办财会业务培训会，来提升财务人员的理论基础和专业技能；二是加强财务人员与行政人员间的业务交流，促进财务人员对经济活动的分析、判断和决策能力；三是完善人才引进制度，不断增加高端财务管理人员，提升行政事业单位财会队伍的综合素质。

随着社会经济的不断发展，市场体制也在不断改革变化，行政事业单位财政预算资金管理也需要与之相适应。通过不断创新财政预算资金管理，可以更好发挥行政事业单位的职能。

第五节　事业单位成本核算与财务管理

大多数事业单位主要是为发展社会公益而建立的，主要是通过使用国有资产由国家机关举办，包含卫生、文化、科技以及教育等组织。根据研究分析我国现在事业单位成本核算以及财务状况，能够发现现在的事业单位经营活动范围还是比较小的，并且现在事业单位面临着较大的压力，急需进行改革。

一、事业单位成本核算与财务管理中存在的问题

（一）事业单位成本核算中存在的问题

成本核算的准确性会给事业单位成本的预测分析以及未来规划带来直接的影响，从而会影响事业单位的发展决策。然而在实际的工作中，很多事业单位成本核算工作存在较多的问题，一些事业单位管理层对于成本核算的重要性往往是忽视的态度，不能够准确认知成本核算的问题，通常认为财务部门只需要做好账目就可以。并且事业单位内部所设立的财务部门往往比较简单，有一些单位甚至只会外聘一些会计来进行账目核算，不能够做到对事业单位内部成本进行一个很好的核算，最终造成事业单位成本核算的管理比较混乱。并且现阶段很多事业单位没有一个比较健全的财务核算体系，也没有形成比较规范的成本核算制度，而且就算对成本核算设立了相关制度，它的实际应用效果也并不好，不能够使得成本核算的价值发挥到最大。并且因为现阶段很多事业单位对于成本核算的监督力度不达标，在各个环节的任务分配中，没有将责任落实到个人，使得各种收入与支出没有做好保障，最终给事业单位的发展带来阻碍。所以，事业单位需要加强成本核算，以便能够对成本有一个很好的预估和分析，从而使事业单位能够发展得更好。

（二）事业单位财务管理中存在的问题

财务管理将事业单位财务的有关数据进行分析与整理之后，将这些信息提交给事业单位的领导，以便能够进行进一步的决策与管理工作。在公司发展过程中，财务管理是重要的组成成分。一般地，事业单位资金的使用将会给领导层的决策带来极大的影响，同时对于财务的有效管理也能够反映整个事业单位的基本情况。然而在现在的工作中，很多事业单位的财务管理存在各种各样的情况。有一些事业单位没有健全相应的财务管理体制，在财务管理方面存在很多隐患和漏洞，例如会出现资金使用不达

标、财务管理控制难以及没有完善的财务管理制度等等，这些都会让事业单位出现很多难题，进而给事业单位的发展造成阻碍。同时因为在财务账目管理方面有所欠缺，所以不能对事业单位的具体财务状况有一个基本的把握，往往会造成财务风险，最终导致整个事业单位资金难以运转。并且因为缺乏相应的财务管理制度，所以一旦出现问题，很难将责任落实到个人，从而让整个公司的财务管理制度不能够起到作用。

二、强化事业单位成本核算的举措

（一）增强成本核算意识，提高核算水平

事业单位的成本核算工作主要还是财务工作人员负责的，因此财务人员的素质决定了成本核算的工作效率和工作质量，财务人员的业务水平也直接影响着事业单位的管理工作的开展，因此财务人员的成本核算意识很重要。事业单位应该增强财务人员才成本核算意识，采用成本核算学习、定期开展培训、举办业务交流活动等形式来提高其成本核算的水平，提高财务人员的工作积极性和自觉性，提高他们的能力，促进成本核算工作的开展，同时还要培养他们的法律意识和道德意识，加强事业单位管理者对他们工作的管理，促使他们自觉地接受新事物、新知识，便于对这些财务人员的考核，也能给事业单位管理的决策提供有力的数据，更好地促进事业单位的和谐发展。

（二）为成本核算打好基础

万丈高楼平地起，因此事业单位的财务成本核算的研究工作，首先要从成本核算的基础性工作入手，而制度是一切工作的基础，所以说应该制定有关于财务的各项制度，包括资金的使用和支出的制度、设备更新以及保养、工作款项的使用等各种项目的费用，同时要做好超支的准备，设定好超支的额度限制，对于超支的部分做好分析工作，分析产生的原因，以及对资金流向做好调查，最大限度地约束超支问题，使成本的使用效率最高，其次对于事业单位的固定资产的管理也要做好规定，对所有使用的财产要进行登记，保留原始单据，同时签署责任状，保证固定资产工作的执行力度，对固定资产的管理应该是账目明细，及时做好固定资产的折旧率分析和记录，保证事业单位所有财产都有一个严格的管理制度的约束，并且及时把握好所有财产的去向问题，以做好监督工作。

（三）加强效益审计，提高事业单位的资金使用效益

提高事业单位的资金使用效益，很重要的一个工作就是做好效益审计。首先，要树立正确的效益审计观，在政府倡导精细化管理的背景下，行政事业单位不能安于现状，要更多地思考如何在服务做精、做细的同时实现成本最低化、效益最大化，所以，要重点转变事业单位使用资金的思想认知，最好能够把效益审计上升到法制层面，只

有从法制层面加以规定，才能根本上提升行政事业单位的效益审计重视程度。其次，要建立科学的效益审计体系，效益审计要发挥作用，关键是要建立一套完善可行的、具有事业单位特色的效益审计评价体系，包括明确效益审计的主体（谁来评估）、建立一套事业单位效益审计指标、标准，要充分考虑事业单位的公益性、经济性，不能简单地参考企业效益审计，而要从量性、质性两个层面去设计评价指标和标准，注重效益审计的全面性、针对性。最后，为确保事业单位效益审计的高质开展，要从创新效益审计方法、培育效益审计专业队伍做起，一方面，在效益审计方法上与事业单位的实际情况相结合，杜绝一刀切；另一方面，培养具有效益审计能力的专业队伍，要把效益审计专业人才队伍建设经费纳入财政预算，从资金、政策上重视人才队伍培训。

事业单位的工作很复杂，很烦琐，里面涉及的项目很多，同时还要受到国家和人民的监督，因此，事业单位需要一个完善合理的财务成本核算工作作为财务工作的基础，在国家法律允许的范围内，依据事业单位的实际情况，制定相应的措施，完善单位的财务成本核算工作，同时也要发挥出内控的调节作用来，加强对内控的管理，有利于财务工作人员提高工作效率和工作质量，这不仅增加了市场竞争力，而且能为事业单位的科学发展作出努力。

第五章 行政事业单位财务管理概述

第一节 行政事业单位财务管理现状

在行政事业单位财务管理活动的实施过程中，实际上也是在进行资金的运转与管理，是确保工作职能以及单位先进性的必要条件。为了进一步介绍行政事业单位财务管理的现状，现就其管理优化的重要性介绍如下。

一、行政事业单位财务管理现状

（一）资金管理效率不高

行政事业单位财务管理的效率不高是目前大多数事业单位普遍存在的问题之一。从客观上来看，财务管理对于其他的行政管理工作都会有所影响，一些单位对于具体的财务管理环节的监督不严格，对于工作范围没有进行严格的界定，导致出现了工作人员工作互串，无法充分了解工作的重要性以及任务的关键性的问题，从而严重影响到了管理的效率与效果。除此之外，在调查中我们还发现存在账款挂账等现象，如果不加强业务的管理，可能会导致大量的死账、呆账发生，影响行政管理的有效性。

（二）财务管理体系不完善

结合目前我国的行政事业单位财务管理的制度体系建设情况来看，行政事业单位虽然具有一定的自定义收费的权限，但是并没有对其具体的收费项目以及实际的区间进行管理，所以很容易出现一些区域的行政事业单位滥用国家职权，将部分费用增加甚至作为财产、挪为他用的情况，不但给当地居民以及企业带来了不同程度的负担与影响，而且导致社会对于单位的满意度下降，影响到了社会团结以及治安稳定。财务管理体系不完善的问题同样影响到行政事业单位的良好形象，对于单位的内涵理解不充分，规章制度不健全都是导致该问题发生的重要原因。

（三）绩效考核制度存在缺陷

绩效考核是行政事业单位财务管理的重要构成部分，同时也是管理活动正常开展的必要保障。在一些行政事业单位当中，由于监督管理不善，绩效考核的建设不完整，导致一部分工作人员在工作过程中忽视了财务管理的重要性，出现了问题就相互推诿、扯皮，严重影响财务管理的效率。由于绩效考核方面的缺陷，同样也引发了财务管理过程中季度财务的报告以及年度财务的报告得不到合理的评价，影响到了监督部门获得信息的可靠性与真实性，进一步反作用于内部的管理环境，影响到财务管理的效果。在许多事业单位当中，由于绩效考核制度不完善，工作人员的工作积极性不足，经常需要大量的时间来进行信息的管理，过多浪费的时间也会进一步反作用于惩罚机制，从而出现绩效考核的实际可执行性进一步下降的情况，最终导致管理混乱的问题。

（四）财务管理环境基础不牢固

良好的财务管理环境基础也是提升财务管理效率的必要条件。在实际的环境管理过程中，需要考虑到管理工作的中心思想，明确行政事业单位财务管理工作包括的会计核算、会计管理以及预算等具体工作，做好基础环境的创设与铺垫。在工作过程中要做到有序开展科学规范的管理，每一项工作都要做到有章可循，从而最大限度地提升管理的科学性。在进行财务管理时，一些详细的资料数据以及内容表格都需要在正确的指导下才能够实现，通过详细的资料数据文件进行了解和分析，可以发现近些年来我国的行政事业单位财务管理环境有一定程度的改善，但是相比于发达国家的管理模式以及环境氛围依然存在不小的差距，特别是绩效考核以及财务监督的严谨性等方面存在不小的差距，需要尽快补充、完善，从而通过制度、执行等多个层面的改善来为我国事业单位更好地完成服务职能的提升工作创造条件。

二、行政事业单位财务管理的优化策略

（一）完善行政事业单位财务管理措施

行政事业单位财务管理工作的管理措施选择是否科学是影响管理成果的关键。为了进一步提升单位的经济效益以及服务职能，首先，需要做好财务的监督管理工作，力图做到部门管理的规范化、制度化，通过法规学习，内部培训等多种途径来提升工作人员的财务管理能力；其次，在进行财务管理工作时，需要明确管理的模板，保持财务管理工作的规范化、制度化以及合理化。在科学规范的框架下，按照既定的路线完成阶段性的任务，这样一来就可以头绪监督，定期进行效果的审查，更好地进行效果反馈，对于提升管理效率也具有一定的帮助；最后，在财务管理过程中要同步落实好监督工作，通过实行责任负责制度做好责任条例的设计与处罚执行工作，这样一来就可以形成一定的监督威慑力，同时也可以确保投资资金的安全、稳定，做好定期收款以及坏账管理，将事业单位财务管理的风险控制好。

（二）加强行政事业单位财务管理人员队伍建设

作为一线参与执行者，财务管理人员的队伍建设对于行政事业单位财务管理工作同样十分关键。一些财务管理人员在较高的工作要求下可能会出现过分追求速度而忽视效果的情况，最终影响到了财务管理工作的真实性。结合该问题，可以实行奖惩结合的方式，或者采取竞争淘汰的方法来进行管理，对于不出现错误的员工进行奖励，同时对于出现问题的人员根据其严重程度来进行惩罚，这样一来就可以形成良好的绩效管理效果。除此之外，在招聘方面也需要根据实际情况来提升招聘的门槛，提升入岗人员的综合专业素质以及管理水平，通过降低工作人员的工作负担来更好的协调各项管理工作，对于进一步提升行政事业单位财务管理的有效性也具有积极的促进效果。在日常工作中，如果遇到工作问题，可以通过部门内部讨论、多部门协调解决等方式来提升工作效率，也可以有效提升财务管理的有效性。

（三）提升资金的运行与监管控制效果

在进行资金的编制与管理时，行政事业单位财务管理部门需要结合资金的流向进行适当的预测，设计科学合理的资金使用方案，随后对行政管理的各个细节进行评估，通过预算管理以及过程监督等方式来实现资金的管控。除此之外，在做好基础监督工作的同时，也需要借助于一些监督以及激励的方法带动工作人员的工作热情，从而帮助管理者更好地完成既定任务。在账款的往来管理过程中则需要做好对账工作，避免出现死账问题。

二、行政事业单位改进财务管理工作质量的对策

（一）强化财务管理意识，更新财务管理观念

行政事业单位要提高财务管理工作的质量和效率，首先就要从意识层面强化各部门的财务管理意识，树立正确的财务管理认识，以成本效益原则作为业务和管理活动的重要评价依据，提高单位内部各个部门对财务管理工作的重视程度。行政事业单位要严格落实责任管理制度，强化工作人员的财务管理意识和各个部门之间的团结协作，有效提高财务管理工作人员的工作积极性和动力，为财务管理管理工作的顺利开展营造良好的环境和氛围。同时，行政事业单位要更新财务管理观念，结合市场经济发展的要求和基层事业单位的实际情况深化对财务管理的认识，将单位的财务管理工作与国家体制改革的要求紧密结合起来，确保内部控制覆盖单位各项经济和业务活动。

（二）实行全面预算制度，合理选择预算编制方法

行政事业单位要根据业务管理的要求建立健全预算管理制度，以业务发展的实际需求为前提开展财务预算管理工作，实行全面预算制度，组建独立预算小组以便提高

财政资金预算编制的科学性和真实性。同时，行政事业单位要从单位的战略发展方向和需求出发，合理选择预算编制方法，并在财务预算的基础上积极开展财务决算工作，对预算编制工作的质量和预算编制方法的科学性进行评价，优化资金配置方式，提高财政资金的使用效率，以便逐步提高行政事业单位预算编制方法的有效性和科学性。此外，行政事业单位严格落实预算管理责任制度，明确各预算管理岗位的职责，以便提高预算管理制度的执行力度，进而全面提高财政资金的使用效率。

（三）加强监督管理工作力度

行政事业单位要重视监督管理机制的重要性，建立健全监督管理机制，积极构建全流程监督管理办法，提高监督管理工作人员的意识和认知水平。同时，行政事业单位要积极完善内部和外部监督管理制度，根据内控工作的实际需求设置相应的监督管理机构，实行不相容岗位相分离，实现岗位之间的互相监督。基层行政事业单位要规范权力职责范围，明确监督管理的职责和重点，并充分运用动态化监督思维方式，对事业单位内部的日常经营管理工作开展动态监督。此外，行政事业单位要根据监督管理工作的实际需求明确奖惩制度，为监督管理工作制度的顺利开展营造良好的环境和氛围，明确各监督管理岗位的职责，为监督管理工作的开展提供必要的支持，以提高监督管理工作人员的工作积极性和效率。

（四）充分利用信息技术提高财务风险防控能力

行政事业单位在开展内部控制工作过程中要重视风险防控机制的重要性，根据业务和管理工作的实际情况设定风险预警红线，提高风险预防方案设计的合理和科学性，并根据风险的性质和特点提前制定风险防控预案，合理加快风险防控的响应速度，进而有效提高事业单位风险防控工作质量。同时，行政事业单位要充分利用信息技术提高财务风险防控能力，提高财务管理工作的信息化程度，将信息化建设与财务管理工作充分结合起来，积极构建财务信息共享平台，统一财务信息和业务信息口径，加强财务部门和内部其他部门之间的交流，有效提高财务信息的利用效率，降低信息不对称问题导致的财务风险系数，进而全面提高财务管理工作的质量和效率。

（五）完善财务信息软件功能，提高网络环境的安全性

随着信息化沟通软件应用范围不断扩大，大部分行政事业单位都积极借助各类沟通软件加强内部沟通，基本上实现了电子化信息沟通模式，有效加快行政事业单位内部审批流程，提高内部各个部门间即时沟通的频率，以便减少由于信息不对称导致的财务管理风险。在信息化时代，行政事业单位要充分利用财务信息软件的优势，加强单位内部的沟通和交流，提高财务信息的流动性。与此同时，行政事业单位要完善财务信息软件功能，重视财务管理信息系统的权限管理，可以根据岗位性质设定不同的权限，比如可以设置经办、复核、查询等模块，彻底解决财务管理信息系统操作不规

范的问题。行政事业单位要积极加强内网建设工作,可以通过安装网络防火墙提高办公电脑和设备的安全性,以便保证财务数据和信息的质量。此外,行政事业单位要强化办公设备的专用性,可以将员工工号与办公设备一一对应,实施账号管理办法,加强办公电脑 IP 地址管理,以便及时发现办公和财务管理操作流程中存在的问题或者风险,实现对各项财务管理工作留痕,为提高财务管理工作质量和效率提供必要的系统条件。

第二节 行政事业单位财务管理的重要性

行政事业单位在当前财务管理的过程中,依然存在对财务管理工作认识不到位、会计基础工作薄弱、收支管理不规范的问题。因此需要强化行政事业单位的财务管理,切实提高行政事业单位的资金使用效率,让行政事业单位的职能能够充分地发挥出来,有效推动行政事业单位实现更好地发展。

一、行政事业单位财务管理的重要性

(一)有利于提升行政事业单位的资产管理水平

行政事业单位在不断运行的过程中片面重视实物资产管理,却忽略了对无形资产的管理。强化行政事业单位的财务管理,能够有效提升行政事业单位的实物资产管理和无形资产管理水平,从而更好地服务于我国的可持续发展建设。

(二)有利于提高行政事业单位的资金使用效益

加强行政事业单位的财务管理,强化各项资金在使用前和使用中的控制,让各项财务指标能够真实地反映行政事业单位的资金使用效率。企业真正认识到行政事业单位财务管理中存在的不足,为调整行政事业单位的财务管理策略提供准确的数据依据,促使行政事业单位资金的使用效益真正得到提升。

(三)有利于优化控制行政事业单位的支出

在行政事业单位不断发展的过程中强化财务管理,需要严格遵循规范化的财务管理制度,构建科学合理的支出限制制度,并严格按照收支平衡的原则,灵活控制行政事业单位的各项收支。其中,将拨款放置在行政事业单位财务管理的重要位置,统筹监管行政事业单位的各项资金情况,并灵活地对行政事业单位在各个领域中的情况进行控制,才能够让行政事业单位更好地服务于社会发展。

二、进一步加强行政事业单位财务管理的对策

（一）行政事业单位财务管理要以科学管理为第一要务

行政事业单位的财务管理工作要做到科学化、合理化，实现财务管理的精细化运用，可以提高单位财务的有效管理，也可以增加国家的财政收入。这些都关系到国家的利益与国民的身心健康，对地区的宏观调控与经济的发展具有重要的作用。加强对财务的管理需要进行事前的调查、计划，要做到科学合理。与此同时，还要保证行政事业单位日常业务活动的正常运行。财务管理的精细化涉及很多的方面，其中就包括对资产的合理使用，借助我国的先进技术与国家政策的支持，协助行政事业单位在发展的大潮中公平地去竞争，扩宽自己的实力与经济收入。为更好地实现民主的管理就需要进行科学的财务管理，对行政事业单位的资产进行透明化的管理，充分地体现了国家的民主。

（二）建立科学、有效的内部控制制度，不断完善财务管理制度

对于行政事业单位而言，建立科学有效的管理制度，可以实现财务管理的不断完善。第一，需要建立一个合理的内部控制制度。在行政事业单位的日常运行中需要对不相容的职责进行区分，建立财务管理的不同岗位，对岗位的具体职责进行明确。通过在单位内部建立相关会计核算的制度，保证其真实、准确地反应单位的经济往来，可以大大地提高资金的使用效率。第二，在单位内部需要建立一个完善的稽核制度。主要负责资金收支情况的审查工作，检查其经济业务是否符合国家的相关规定。对单位的重大经济事项与制度的执行情况进行审核。第三，行政事业单位内部的财务管理制度要不断地完善。对于单位使用的财务管理方法与单位实际情况不相符的进行改革创新，不断完善，加强单位的财务管理真实性与准确性。第四，对所使用的凭证的真实性与规范性进行检验，并对其进行明细化的处理。

（三）建立内部控制监督机构

行政事业单位内部监督机构的建立与职能的体现，主要有以下几个方面：第一，对单位内部的财务管理制度进行健全。对行政事业单位来说，单位内部的控制制度与单位的财务会计工作之间有着必然的联系，所以需要建立一套完善的管理体制，还要对其进行相应的监督与管理，尤其是单位内部的资金支出情况。再根据单位的实际情况对责任进行明确的区分，在内部建立一个完善的职责权限的划分机制。各部门之间能够做到相互牵制和相互监督。第二，严格把控单位内部的专项资金的使用情况，行政事业单位中的资金使用需要根据财政部门的相关规定进行，专款必须专用，并对专项的资金建立适当的管理制度，对资金的落实情况进行检查与管理。对于行政事业单

位进行全部绩效体系的管理，对单位专项资金的综合绩效情况进行检查，对专项资金的使用情况要进行监督，进行决策与绩效的审核。项目的实施单位在对专项资金进行具体使用前，需要制定出具体的使用范围与使用标准。一旦发现有资金使用效率低下或者挪为他用等情况的出现，就要追究主要负责人的责任，全面加强各项财政支出的监管力度。

（四）提高行政事业单位财务会计人员综合素质

作为行政事业单位的负责人与管理者，需要对财务管理的基础知识有一定的了解并足够地重视，要不断地提升本单位人员的综合素质。对单位内的财务工作人员，要定期组织财务方面的继续教育与培训的工作，提高财务管理人员的技能水平。还要对单位内部财务会计工作的具体实施情况进行定期的考核，建立一套完善的财务管理及审核制度，根据考核的结果决定人员的聘用。

随着我国经济的快速发展，对行政事业单位的财务管理也提出了更高的要求，财政部门要不断地完善自身管理水平。在行政事业单位的日常运行中，财务管理是非常重要的一部分，因为它不仅代表着行政事业单位的经营效益与资金使用情况，而是决定着国家的财政状况。因此，在对单位进行财务管理的时候，需要不断引进新技术，新理念，加强对财务管理人员的培训，引进高端人才，加强财务审计和监督，为行政事业单位创造更好的发展环境。

第三节　行政事业单位财务管理的强化

近些年来，财务制度改革不断深化，这也让财务管理方面的问题得到了一定的解决。财务管理是行政事业单位管理中的一个重要组成部分，对行政事业单位自身的发展具有重要的作用，然而，当前在财务管理中还是存在较多的问题，阻碍了行政事业单位的发展，这就需要清楚存在的问题，进而有针对性地采取措施，提升财务管理的效率和效果。

一、坚持提升财务管理的计划性

财务管理是行政事业单位管理工作中不可或缺的一部分，但是当前行政事业单位的财务管理工作还需要继续加强，对于工作中出现的各种各样的问题，注重加强预算编制和执行。在编制预算时，如果只有财务部门负责落实，单位中的其他部门并未参与到编制中，就使得财务部门最终制订出的预算方案和相关部门的实际情况之间存在较大的差异，使得制订方案的操作性会受到影响。在执行预算的过程中，如果缺乏完整的执行方案，就会导致在落实预算的过程中会不断出现问题，例如，挪用资金、乱报批等，让预算偏差变得更大，财务管理中的问题也会更严重，这就需要提升财务管理的计划性。

行政事业单位这些年来并未受市场经济变化影响，然而也需要借鉴和参考其有利的一面，所以，换个角度来说，市场经济对于集中支付制度的优化调整具有积极促进作用。现阶段国内部门预算编制的制度还不是很健全，有关人员也坚持在探索，在这个过程中，单位中的有关财务负责人就需要去到单位内部的各个部门中，掌握不同部门的具体情况，进而科学合理地制定出每个部门的预算情况，加强细节处理，比如，差旅费、办公费等，对于合理的费用支持应该加入到预算整体编制中，进而最大化地减少预算最终方案和相应部门具体情况之间的差距。在预算执行环节，需要定期分析执行情况，总结出过程中存在的问题，并制定解决方法和方案，提升方案的可行性。

二、加强预算管理

当前，行政事业单位在预算管理方面还需要继续加强，对于行政意识不够具体的问题，如果单位缺乏具体的预算计划，那么就会影响到相关工作的执行，让预算管理无法充分发挥出应有的作用。另外，预算人员在编制预算的过程中，要是没有事先全面了解企业中相关措施并进行合理编制，就会让最终的预算与单位具体发展情况存在较大的差异。预算人员在编制预算时，要是没有运用科学计算方法，只是依靠以往的预算编制经验，那么也会对预算结果带去消极的影响，导致和实际结果存在差距。最关键的就是财务管理人员在预算管理过程中对于制度的把握程度，在执行预算的过程中，要具备有效的监督管理机制，这就会提升预算的科学性及正确性，让预算满足实际情况，提升预算工作的效率和准确性。

在编制预算时，需要细化财务收支情况，要综合考虑各方面会影响到预算的因素，在此基础上，有效地设计预算编制。在支出结构方面，现有的结构还不完善，这就需要坚持进行优化和完善，基于对项目实际情况的分析，做出相应的科学调整。要想让单位可以做到收支方面平衡，就需要在编制预算时遵守一个原则，即"以收定支"，对项目、进度和时间进行有效的控制，科学有效地执行预算。就管理方面而言，当前每个行政部门都存在较大的消耗，所以，这就应该进行适当地减少，对于事业性方面的支出要合理增加。财务需要分析项目中消耗性支出以及原因，明确是不是需要消耗，还应该限制消耗性支出额度，对于消耗性支出的具体方面也要严格把控，促进预算作用的发挥。在执行预算方案的过程中，就需要严格控制方案，还需要制定相对比较健全的内部控制制度，让预算方案能够顺利地落实，提升执行的效果和效率。

三、加强财务人员培训，提升综合素质

当前行政事业单位中的财务管理人员技能、综合素质方面还需要进一步提升。行政事业单位主要是靠国家帮助，其作用就是要义务帮助人民群众，也是因为这样的性质，使得当前行政事业单位对于人才的要求和门槛有所降低，一般会选用近人，很少用生人，但是他们的管理技能和综合素质就会受到影响。所以，这就需要行政事业单位加强员工培训，对于积极参与培训的员工要提供相应的奖励，对于懒散的员工要做出相应的惩罚，进而在行政事业单位内营造良好的风气，确保员工间的公平，让工作人员可以保持工作热情。还有一些行政事业单位的管理层要实施改革，然而在下属的落实方面还需要提升，对于单位中出现的各种问题，要及时有效地解决。

当前社会经济不断发展，对于财务人员也提出了更高的要求，他们不只需要掌握较强的核算技能，还需要具有一定的管理能力，要能够熟练地运用高科技，有较高的业务能力，这就需要财务人员除了要掌握专业知识，还要有较强的计算机操作能力。所以，单位就需要定期组织财务人员进行培训，通过多种方式，让他们能够学习最新的专业知识和技术，提升他们的技能水平以及综合素质，确保工作人员的专业知识充足、有较高的技能、较强的综合素质才可以上岗，避免在工作中产生问题和错误。

四、完善行政事业单位的内控制度，加强监督

当前行政事业单位在内控制度上还要继续优化。这就需要进一步提升对于内控制度的重视程度，单位内控制度要进行优化和完善，为监督管理工作的效果提升提供保障。如果内控制度滞后就会出现一系列的问题，比如，责任划分无序、落实不够、相关部门无法互相监督、财务工作人员工作态度有问题等，这就要引起充分的重视，确保内控制度满足实际需要，避免在资金管理中出现漏洞，要注重财务管理工作和会计工作有效结合，避免在工作中出现各种问题。

要继续加大内控监督力度。资金形式上一般以银行存款及现金为主，要禁止"白条"。在会计工作中，也要杜绝重复的情况，禁止"小金库"，制定科学合理的会计流程，对于资金的流向要严格进行把控。要是财务部门人手不够，可以选择外包财务工作，落实中介代理会计制度。对于预算落实情况要加大监督力度，对于各项事务的资金预算也需要限制额度。还应该从单位领导开始，对所有人的思想进行引导，让他们能够形成严谨正直的思想，让他们在财务管理中严格遵循相关法律，发挥榜样作用，促进财务人员不断提升自己的素质，提升财务工作质量和效率。

五、权责落实到个人，加强财务管理部门绩效评估

当前行政事业单位的财政事务绩效评估制度仍需完善，我国对财政收支重视度不断提升，然而因为还有一些问题没有解决，比如，轻视绩效、注重使用等，使得单位财务绩效考核的客观性、公正性和准确性无法得到保证，这就需要注重对存在的问题的解决。另外，现有的绩效评价指标还需要继续进行优化，要意识到评价指标是不是完善会直接影响到评价结果的有效性。行政事业单位的财政支出项目有很多，如果没有具体的分类，就会使得不同类型的绩效考评标准无法统一，很难对指标进行控制，所以，要注意做好分类。

行政事业单位比较特殊，其资金一般都是财政拨款得到的，所以，这就使得它们一般都没有意识到经济效益的重要作用，使得出现投入太多、缺乏强有力的内控、内部还有严重的腐败等一系列问题。财务管理工作和会计工作在职责方面有一些是重叠的，这就导致在内容上会存在相互推诿的现象，因此出现问题之后无法具体追究责任。所以，行政事业单位行政管理就需要改变以往的态度，对相关工作责任进行科学地划分，将责任落实到具体的人身上，进而在遇到各种财务风险时才可以尽到自己的职责，更好地抵御风险。除此之外，行政事业单位还需要结合自身的具体情况，合理进行分析，围绕财务管理制定绩效评估制度，对财务活动以及成果进行考察，对于出现的问题需要及时找出办法进行解决，坚持提升财务管理工作的水平，促进行政事业单位的发展。

除此之外，要想避免出现固定资产重使用轻管理的问题，还需要依据规章制度要求，由政府统一采购固定资产，直接用财政支付行政事业单位需要的各类固定资产。另外，要提升固定资产的管理意识，不要只看重使用固定资产，要加大管理的力度。对于购置进来的固定资产，单位要定期进行管理，定期做好盘查工作，科学合理处理固定资产，确保国有资产利用率，避免出现国有资产损失的问题，确保单位的有效运行。

综上所述，财务管理工作在行政事业单位中具有重要作用，可以降低财政资金风险，对财政资金进行科学的利用，促进资金各方面工作的高效开展，所以，这就需要行政事业单位提升对财务管理的重视程度，针对存在的问题，采取有效的强化措施，促进单位实现更好的发展。

第四节　行政事业单位财务管理信息化

推动行政事业单位财务管理向着信息化建设的方向发展，不但可以提高行政事业单位的财务管理效率，还可以提高行政事业单位的财务管理质量，所以推动信息化建

设对行政事业单位来说具有极重要的现实意义。即便如此，在具体的信息化建设过程中，行政事业单位仍然遇到了一些问题，需要集中精力进行攻克。

一、推动财务管理信息化建设的重要意义

提高财务管理工作效率。行政事业单位的财务管理工作中涉及诸多数据信息，应用信息化技术手段，推动财务管理信息化建设发展，可以有效提高财务管理工作效率。传统的财务管理工作模式下，大量的数据信息需要手动录入，耗费大量的人力精力，且极容易出错，总体来看效率不高。而通过推动财务管理信息化建设，可以采用机器录入，出错率低，且工作效率高。

加强信息的交流与沟通。财务管理并不是简单的会计核算工作，其中还涉及一定的管理工作，这也就说明，财务管理工作需要各个部门来配合，并不是单一的财务部门的问题。加强财务管理信息化建设，成立相关信息平台，可以密切各个部门的交流沟通，加强信息资源的共享。在当前业财融合的大背景下，加强财务管理信息化建设，业务部门可以从财务部门方获得相关的财务信息，了解项目的开展情况，从而展开项目管理。而财务部门，可以从业务部门方获得更多的财务数据信息，进而为行政事业单位的决策提供准确信息。

强化行政事业单位内部控制。内部控制覆盖事业单位的各个环节，对行政事业单位的发展具有极重要的现实意义。加强财务管理信息化建设，可以为行政事业单位的内部控制提供相关的必要前提，推动行政事业单位规范管理流程，提高管理水平。通过加强财务管理信息化建设，将行政事业单位内部的财务环节与业务环节作有机结合，促进信息的交流共享，打破信息壁垒，可以更好地使内控管理发挥作用。

二、行政事业单位加强财务管理信息化建设中的阻碍

缺乏信息化建设的足够认知。就我国当前事业单位的财务管理信息化建设进程来看，大部分行政事业单位对信息化建设都缺乏足够的认知，没有将信息化建设与行政事业单位的发展联系在一起，简单地将信息化建设等同于机器更新、会计电算化等，没有给予信息化建设相应的重视程度。且行政事业单位内等级森严，原有的管理模式影响较为严重，大多数人还是习惯于原有的工作模式，对推动信息化建设比较抗拒。尤其行政事业单位内缺乏完善的竞争机制与激励机制，这也就导致行政事业单位的环境像一个温室，工作人员缺乏足够的竞争性与积极性，也失去了接受新鲜事物的能力。这对财务管理信息化建设的道路来说，可谓是一个大困难。

缺乏专业的财务管理人员。在推动信息化过程中，对财务管理人员的要求显然提高，当前行政事业单位的财务管理人员的素质水平偏低，不足以满足信息化建设过程

中的需要。在新要求下，财务管理人员不仅要具有较高的财务管理能力，还需要具备一定的信息化技术。但当前行政事业单位内大多都是老员工，接受新鲜事物的能力较低，且主动性较差，不能够及时提高自身的职业技能水平从而与信息化建设过程相匹配，这也就导致行政事业单位信息化建设进程再一次受到阻碍。

当前信息化建设速度较为缓慢。推动财务管理信息化建设过程也不是一朝一夕就能够完成的，相反，它是一个长期工程，且是不断上升不断修正的一个过程。我国行政事业单位当前的信息化建设仍然处于探索阶段，这必然会出现相应的问题，比如缺乏完善的信息化系统。这里所说的信息化系统并不是各个部门的信息化系统，而是整个行政事业单位的信息化系统。由于缺乏整体的信息化系统，部门各自拥有的信息化系统只能处于单独状态，无法做到有机结合相统一，各信息系统的交流受阻，行政事业单位的信息无法及时共享，造成财务管理工作具有滞后性，这对行政事业单位的决策是非常不利的。而且信息化建设速度过于缓慢的话，不只对行政事业单位本身有影响，对我国整体的社会经济发展进程都有着一定的影响。

缺乏完善的监控机制。信息化建设是依托于网络技术的，而当前网络技术具有一定的开放性，这也就为信息化建设带来了一定的风险。在推进财务管理信息化建设过程中，为了保证行政事业单位财务管理的安全，需要对此加强监控，并设置完善的安全管理防护措施，以此来降低安全风险。但从当前的行政事业单位发展中，发现出现了较多的数据丢失、系统不稳定等情况，埋下了一定的安全隐患，这也与行政事业单位缺乏完善的监控机制有关，财务管理信息平台的安全指数较低，在信息化建设过程中可能会受到外来势力的侵扰，给行政事业单位带来较大的财务风险。

相关信息软件不够先进。行政事业单位开展财务管理信息化建设，需要先进的信息软件进行打底，在软件的基础上才能开展更加先进的工作模式。但当前市场上有关财务管理的信息软件并不够先进，开发情况长期处于滞后状态，市场上现有的财务管理信息软件一是种类不够丰富，品种较少。二是其中的功能比较简单，能起到的作用有限。不同的信息软件所应用的信息编码标准不一样，在安装信息软件时还要考虑到这一方面的问题。

三、提升信息化建设水平的措施要点分析

（一）树立财务管理信息化观念

针对事物进行革新，首先需要重视对观念的更新和改变。基于此，行政事业单位在财务管理信息化建设的过程中，首先应当正视和重视信息化观念的树立，了解其能够发挥的作用，从而推动其制度化和程序化，为后续工作的开展打好基础。管理层以及相关人员需要对财务管理信息化的概念有深入的了解，在日常管理中，给予能够推

动财务信息化建设的因素首要发展地位，保障其能够充分发挥作用、为单位服务。单位管理层应当将财务信息化上升到战略的高度，在经济允许的情况下，大力支持财务管理信息化建设。注意区别财务管理信息化与会计电算化，正确把握其范围和具体内容。这能够有效扩大财务工作的管理空间，使单位的能力得到进一步提升。

（二）完善财务管理信息化制度

在财务管理不断进步的进程中，行政事业单位的信息化建设取得了一定的成果，为实现单位业务水平的进一步提升，应当完善相关制度，使信息化财务管理的优势得到充分的发挥，保障其工作质量。首先，行政事业单位在完善信息化管理制度时，应当重视与管理和业务实际的结合，准确评估单位现状，借鉴先进的财务管理经验，制定全方位、系统性强的成文制度，使财务人员开展工作有据可循，从根本上回避财务风险因素，提高财务管理工作水平。其次，应当重视对制度的落实执行，避免制度流于形式，使财务管理信息化建设的优势得到充分的发挥，保障信息化建设的顺利推进。

（三）引入培养财务专业人才

人才是单位进步不可或缺的资源。高质量的复合型人才是行政事业单位进行财务信息化建设的必要前提。基于此，应当将人才的引入作为单位发展的头等大事，对人才提出高要求，使其在具备财务管理知识的同时，还应具备计算机软件使用等技能。同时单位应当重视对人才的培养，在培养中注重理论与实际应用的结合，使培训效率进一步提升，积极与外部展开合作，强化优秀人才，为财务管理信息化建设提供有利条件。总体来说，财务管理信息化提出了对掌握财务管理以及其他技能的复合型人才的需求，单位应当通过人才引入和培养的方式，为财务管理信息化建设提供充足的人才储备。

（四）提高信息技术水平

财务管理信息化建设离不开对信息技术的应用，因此，事业单位在进行财务管理信息化建设的过程中，应当重视这一点。第一，应当对政府统一要求应用的信息系统具体操作展开学习。单位应当组织专业人员，评估单位管理实际情况，确定财务管理信息化的目的，综合各项因素，保障统一系统功能模块的良好应用，使建设的信息技术水平得到进一步提升，实现财务管理信息化建设。第二，单位应当扩大信息系统的应用范围。具体来说，单位应当在财务部门以外的各部门应用信息系统，建立和加强与各部门之间的联系，避免各部门出现重复工作，节省人力资源，在提升财务管理水平的同时，保障单位内部管理工作的有序高效开展，最大限度地发挥信息技术的优越性，为单位服务。

如今行政事业单位正处于信息化时代，应当积极完善自身，紧跟时代的步伐，实现进步。财务管理信息化建设能够使单位的管理水平得到进一步提升，实现单位可持续发展的目标。财务管理信息化在单位中的作用不容忽视。单位需要做到与实际情况的良好协同，结合相关概念和经验，积极进行财务信息化建设。

第五节　行政事业单位财务管理内控渠道

一、行政事业单位财务管理内控制度建立健全的必要性

（一）政府建设水平及行政运行效率的提升

在我国此前发布的《中共中央关于全面推进依法治国若干重大问题的决定》中就曾经明确地指出依法治国是中国共产党领导人们治理国家的基本方略，也是社会主义法治国家建设以及人民"当家作主"的根本保证。同时，需要坚持用制度管权、管事、管人，将权力放在制度的笼子中。行政事业单位从本质上来看，是由政府直接设立并且受其直接管辖的单位，作为一类特殊的社会组织，在实际的工作中也需要紧跟党的步伐，想要真正实现权力关进制度的笼子里这个目标，就需要一个全面科学且有效的权力运行监督和制约体系。从这一点出发，行政事业单位就需要从真正意义上健全内控制度。一个合理有效的内控制度，可以做到很好地规范工作人员的行为，在提升行政运行效率及办事效率的基础上，整体提升政府的建设水平。

（二）行政事业单位财务管理水平提升

通过建立一个合理有效的内控制度，行政事业单位在开展财务管理工作的时候可以做到有法可依，严格遵循规章制度办事，在提升财务管理工作规范性的基础上，杜绝之前财务管理工作中的一些问题，在提升行政事业单位财务管理工作水平的基础上，有利于维护资产的完整性。

（三）推进财务管理规范化、信息化发展

在行政事业单位的内控制度之中，通过分离不相容职务、内部审批授权的严格控制，加之预算、财产保护、会计、单据等等方面的控制工作，将财务管理工作中出现财务风险的可能性降至最低，保障财务风险控制在一个合理的范围之内，进一步促进行政事业单位财务管理工作的规范化发展。与此同时，在现代化信息技术不断发展的今天，行政事业单位财务管理工作也逐渐向着信息化方向发展。在财务管理内控制度中加入财务现代化管理的制度规范，可以保障行政事业单位财务管理工作的信息化发展。

（四）内部监督力度的提升

贪污腐败一直以来都是为党和人民所深恶痛绝的一种现象，并且这种现象的存在对于社会安定也会带来一定的影响。想要将贪污腐败消灭在萌芽中，就离不开内部监督的帮助。通过行政事业单位内控制度的进一步完善，可以保障各行政事业单位在预算控制、会计控制、资金分配等重要领域内部建立一个彼此制约、彼此监督的内控机制。如此一来，在完善的内控制度的帮助下，就可以显著提升内部监督力度，使贪污腐败问题产生的原因得以消除。

（五）行政管理成本的节约

在完善行政事业单位内控制度的过程中，需要针对财务及岗位责任制作出更进一步的完善，并以此为基础，将财务机构及工作人员做出合理的配置，并且也会使得各个人员的工作权限、工作职责得以明确，有助于财务管理工作的高效有序开展，实现行政管理成本降低的财务管理目标。

二、当前行政事业单位财务管理内控制度的问题分析

（一）内控的管理意识不足

行政事业单位自身的工作内容较为复杂且数量较多，也正因为如此，才需要建立一个完善的管理制度，作为各项管理工作开展的理论基础，同时，还需要从不同工作岗位的职责出发，建立起相应的工作制度。但是，从目前的行政事业单位内控管理上来看，因为没有对其形成一个全面的认知，也就导致在内控管理制度的执行过程中，出现了内容执行片面化的问题，这个问题的存在直接降低了整体的行政事业单位管理效率。之所以会存在这样的问题，主要就是由内控管理人员自身的内控意识不强造成的，将内控管理工作简单地和财务基础工作画上等号，这种片面化的认知无法为整体的工作提供参考，直接拉低了内控管理工作效率。

（二）财务会计自身工作基础较为薄弱

我国的《中华人民共和国会计法》明确规定了会计的两大基本职能：核算及监督。但是，从实际的会计工作看来，部分行政事业单位中的会计人员仅仅局限于记账及算账工作上，并且其中还普遍存在着诸如记账不规范、档案管理工作不甚清晰、监督工作流于表面等等问题。这些存在于财务管理工作中的问题，很容易滋生出相应的贪污腐败问题，同时，这也是行政事业单位会计工作基础薄弱的具体表现。在当前财务会计功能逐步得以强化的影响下，行政事业单位的财会人员也需要做到与时俱进的发展。

（三）资产管理水平较低

资产管理是行政事业单位管理工作的重要组成部分之一，同时这些资产也是国有

资产的一部分，但是，在部分的行政事业单位中，却长时间存在着资产管理混乱、账实不符等问题，究其原因主要包括如下两个方面：第一，资产确认环节较为混乱。目前，行政事业单位的会计记账方式是从之前的收付实现制度转变而来的，由于部分会计人员在适应性较差，导致在资产确认环节中出现了模糊不清的问题。第二，资产管理制度没有得到落实。这个问题也是行政事业单位资产管理水平得不到有效提升的根源所在。

三、行政事业单位财务管理内控有效渠道的探讨

（一）完善单位财务内控管理体系

1. 完善财务内部控制制度

行政事业单位要预先做好风险评估和测算工作，对于财务内部控制运行中的问题进行全面解剖，针对性地拟定财务内部控制制度，体现出财务内部控制的内在关联性和制衡性。并要注重财务内部控制的事前监管、事中跟踪和事后监督，将制度监督贯穿于财务内部控制活动全程，确保财务内部控制监督的全程化、动态化、层次化。

2. 完善问责制度

要确定行政事业单位财务管理人员的岗位职责制，明确所有财务工作人员的职责、义务，依循财务管理与控制流程进行运作，并在完善的问责制度体系下，实现财务具体操作人员与审核人员的平等问责，提高问责机制的关联性和执行力。

3. 完善财务内控人员协同机制

要在合理划分不同部门、人员的岗位职责前提下，加强各部门、各岗位人员之间的协同与合作，加强行政事业单位内部的相互监督和配合，科学合理地做好政府预算及执行、采购入库管理、资产管理等工作，实现单位财务内控管理的有序性。

（二）规范人事任用机制，强化专业知识

在实行内控制度的过程中，应杜绝任人唯亲的现象，重视相关工作人员的业务能力和综合素质，相关人员应树立"第一责任人"意识，严于律己，规范自身，做到始终把内部控制制度的执行工作摆在重中之重的位置，同时，做好工作的部署，高质量地落实内部控制制度的相关工作；重视相关人员的专业水平，针对性地组织知识技能的教育与培训，并要求财务及相关工作人员及时更新专业知识，强化专业理念，做到与时俱进，与社会同发展共进步，预防单位遇到的经济风险及出局的可能，不断优化单位内控管理的效果。通过强化相关工作人员的业务综合能力和培训教育，并借助外部力量，内外结合，让内部控制制度得到有效的实行。

（三）国有资产管理力度的提升

行政事业单位的资产是国有资产的重要组成部分，需要切实加强资产管理工作。为此，就需要提升资产配置管理工作的力度，将资产的"入口"做到严格把关，同时，需要将单位职能的履行以及促进事业发展作为资产配置工作的基础。除此之外，国有资产的使用管理也需要进一步加强，将与之相关的管理制度做出更进一步的完善，在保障账实相符的同时提升资产使用率。与此同时，在处置国有资产的过程中，也需要严格遵循相关管理制度。

（四）增强行政事业单位内部控制的审计监督力度

行政事业单位是为人民提供服务的公益组织，所以行政事业单位与社会大众的业务来往是不能避免的，尤其是基层的行政事业单位，每天的工作任务十分庞杂，在办公过程中会遇到很多的问题。比如，在行政单位内部控制过程中可能就会有很多的工作人员不重视财务管理内部控制工作，甚至会出现工作人员忽视内控审计工作的现象，在内控审计时有些工作人员就会找借口回避财务检查，这也是为什么财务部门在核查、审批等工作中总是会出现执行力不够的原因；还有在行政事业单位的上级检查时，会有部分工作人员谎报行政单位内部控制的结果来应付检查。

行政事业的财务管理工作质量，对于财务管理水平提升、行政管理成本的降低等方面有着十分重要的作用。但是，在财务管理内控中却存在着诸如内控的管理意识不足、会计自身工作基础较为薄弱、资产管理水平较低等问题，这对于行政事业单位的管理发展十分不利。为此，只有在内控意识提升的基础上，通过内控制度及财务部门的健全，才能不断提高行政事业单位的财务管理内控有效性。

第六节　全面预算与行政事业单位财务管理

从行政事业单位自身角度来说，其作为一个拥有行政管理职责的单位机构，应该全面履行自身的社会职责。在行政事业单位运营发展中，其不以盈利为目标，而是给社会提供专业的服务。财政管理体系深入改革，作为国家机构重要部分的行政事业单位，需要对现有的管理体系进行深入改革，让单位管理水平得到提高，保证行政事业单位全面履行自身社会管理职能。但是在实际过程中，行政事业单位在开展财务预算管理工作时，或多或少会存在一些问题，这些问题必将给行政事业单位资金管理带来直接影响。所以，行政事业单位需要从全面预算管理角度入手，加强财务预算管理，完善财务预算管理体系，提高单位财务管理水平。

一、加强行政事业单位预算管理的意义

近几年来，国家相关部门颁布了各种新政策，促进了我国社会经济的稳定发展。作为我国国民经济发展中重要部分的行政事业单位，其财务管理水平将决定国民经济是否能够稳定发展。所以，加强行政事业单位预算管理，可以满足新时代背景下经济政策改革要求。行政事业单位通过开展预算管理工作，能够对现有资源进行科学分配，在提升资源使用效率的同时，给单位创造理想的效益，从而促进事业单位更好发展。

二、行政事业单位全面预算管理存在的问题

（一）预算管理意识薄弱

受到计划经济体系影响，事业单位在运行发展中，资金主要来源于财政拨款，在某种程度上使得部分行政事业单位管理人员对财务预算管理认识比较片面，不具备较强的预算管理意识；并且，我国大多数行政事业单位领导人员，因为缺少充足的财务知识，不能对财务预算管理过程中出现的问题及时处理，无法发挥预算管理原有价值。同时，行政事业单位财务工作人员不具备较强的财务预算管理意识，财务管理水平不能满足业务要求，财务处理能力相对比较薄弱，使得行政事业单位预算管理水平低下。部分行政事业单位财务人员普遍认为，财务预算管理也就是对单位各项财务资源进行整合和管理，没有认识到预算管理在其他方面发挥的价值，最终导致预算管理工作落实不到位，工作效果不理想。

（二）预算编制不合理

从预算管理角度来说，其包含了预算编制、预算执行、预算考核等内容。其中预算编制是行政事业单位开展全面预算管理工作的前提要素，更是财务预算管理中不可或缺的一部分。但是从目前情况来看，我国部分行政事业单位在开展预算管理工作时，对预算编制的了解不全面，采取的预算编制方法不合理。为了实现财务预算科学编制，需要对当前单位实际运营情况有充分的了解，确定整体预算收支情况，采取合理的方法进行编制。然而，我国部分事业单位在预算编制过程中，主要采取增量或者减量编制方法，使得编制效果和实际之间存在差异，预算编制效率低下。此外，行政事业单位预算编制工作只局限于财务部门，因此给财务部门预留的编制时间比较少，财务人员无法对预算项目可行性进行论证，导致预算编制过于简单，预算编制结果不科学。

（三）预算执行效率低

我国大部分行政事业单位在开展全面预算管理工作时，没有结合财务预算管理要求制定可行性预算管理计划，现有的预算管理体系不全面，无法将预算管理工作落实

到位。具体体现在以下几个方面：首先，部分单位财务人员在借用公款以后没有及时催缴，有偿资金挪用没有及时核查和盘点，导致呆账、坏账现象出现。其次，部分行政事业单位财务管理水平相对较低，财务工作人员没有注重对原始票据的管理，单位票据信息真实性无法考证，给虚假伪造现象出现提供了条件。最后，行政事业单位缺少对资产的管理，经费开支比较混乱，使得部分人员利用职责贪污腐败，给单位造成严重的损失。

二、加强行政事业单位全面财务预算管理的对策

（一）更新观念，提高行政事业单位对全面财务预算管理的重视程度

实施全面财务预算管理是单位建立自我约束、自我控制、自我发展的良好机制的有效办法，能优化资源配置，强化单位管理，提高行政、办事效能。财务预算管理是单位内部各项资源的最优整合，要靠单位全体人员共同参与，单位领导者要更新观念，要认识到财务预算管理在单位整体管理中的重要作用，对编制过程中各个环节进行仔细论证和分析，积极采用先进的预算编制方法，提高预算编制质量，加强预算执行和评价分析考核。

（二）统筹安排，采用科学方法编制财务预算，提高财务预算编制的质量

财务预算编制工作繁琐复杂，应建立规范的程序由下至上逐级编制汇总。首先，对预算项目进行调查摸底，对非常规或重大项目进行项目论证、可行性研究分析，并实行领导集体决策制度。然后，结合往年情况对未来进行科学合理的预测，并采用零基预算编制方法编制预算，编制预算时既要考虑局部，又要兼顾整体，既要考虑业务发展需要，又要考虑国家财力等因素，本着实事求是的原则编制具有前瞻性的财务预算，使财务预算指标经得起推敲。

（三）层层分解财务预算指标，提高财务预算执行力，加大对财务预算执行的监控

预算编制完成后应由上至下层层分解指标，将责任具体落实到部门和个人，制定相应的预算执行办法，对预算执行情况进行全程跟踪，严格事项授权审批程序，同时，还可将预算指标引入财务软件系统，在进行财务核算时实时监控预算执行情况。及时掌握执行中出现偏差的原因，做到变化有因，调整有据，使预算编制与执行统一起来，充分发挥预算的控制作用。

（四）建立完善的财务预算绩效考核机制，加强对财务预算的审计工作

将预算完成情况纳入绩效考核是财务预算管理的必要延伸，不能认为按照预算将有关资金支付了，预算执行任务就完成了，必须建立预算分析考核制度，根据预算执

行情况和资金使用效益进行评价考核，并据以进行合理的奖惩，充分调动员工参与预算管理的积极性，逐步改善内部控制环境。此外，还应加强内、外部审计对预算执行结果的监督检查，及时发现单位在预算执行中存在的潜在风险和内部控制缺陷，并采取相应措施进行改进，形成良性的预算管理体系。

预算控制是内部控制中使用较为广泛的一种控制措施，其内容涵盖了单位业务活动的全过程，随着社会的不断进步，为适应当前新经济形势的需要，行政事业单位必须建立健全全面财务预算管理体系，保证财政资金的安全和完整，努力达到支出成本最小化，取得社会效益最大化，推动社会经济有序健康发展。因此，加强行政事业单位全面财务预算管理具有很强的现实作用和深远意义。

第六章　行政事业单位财务管理的发展

第一节　大数据与行政事业单位财务管理

一、大数据背景下行政事业单位财务管理改革的必要性

随着互联网信息技术的全面发展，行政事业单位的内部管理面临着许多全新的挑战，传统的财务管理机制与模式已经无法迎合当前时代的发展要求。在传统的行政事业单位财务管理中，所有的管理工作开展主要是人工操作，出现误差的可能性相当大，而且所产生的管理效益非常低。现如今财务管理模式开始朝着信息化的方向发展，一定程度上提高了工作效率。我国行政事业单位所提供的主要是各种公共服务，而在提供这些服务的过程中需要尽可能保证公正、公开，将服务流程与数据公布出来。但是在传统的行政事业单位财务管理模式下，这样的原则是很难保障的。为了充分迎合新时期的社会发展需求，行政事业单位应当合理加强对大数据的运用，结合大数据对行政事业单位财务管理带来的改变，稳步提高财务管理质量，进而使得各项公共服务变得更加公正有效。一直以来，行政事业单位在社会的发展当中都扮演着非常重要的角色，它与其他企事业单位的性质有着很大的区别，需要确保财务管理机制与时代的发展保持高度的一致性，进而才能彰显出更大的社会影响力。

二、大数据背景下行政事业单位财务管理面临的挑战

（一）内部控制相对薄弱

在当前的行政事业单位工作中，通过科学构建完善的财务管理制度，不仅能够合理规范当前的财务管理业务，还能够推动行政事业单位的健康发展。现阶段，财务部已经制定了相当多的财务管理内部控制规范，一些行政事业单位已经在财务管理的优化当中取得了相当良好的效果。但是很多行政事业单位在优化财务管理的过程中依旧存在着一定的漏洞，主要集中在资产清查、折旧处理等工作内容上，并且缺乏工作岗

位标准的确定。首先，许多行政事业单位所呈现出来的账面缺乏真实度；其次，有一部分行政事业单位所拥有的实物资产并没有达到应有的利用率；最后，一些行政事业单位的固定资产呈现出了明显的资产流失问题。这些问题使得内部管理的实效性变得相当低，单位员工也缺乏对内部管理机制的准确认识，导致工作积极性较差，很难保证财务管理处于较高水平。

（二）缺乏针对性的财务管理方案

从当前的状况分析，虽然不少行政事业单位都针对自身的财务状况制定了不同的管理档案，但是实际的应用效果并不明显，一些行政事业单位仅仅优化了财务管理基础机制，并没有深入到财务管理的实质内容上，难以真实提高财务管理工作效率。之所以会产生这些问题，最主要的原因在于行政事业单位对于财务管理的认识有所欠缺，基础的绩效管理制度存在着明显的不足之处，进而使得制度建设的力度薄弱，影响到了行政事业单位财务管理的有效推进。大数据时代到来以后，越来越多的行政事业单位开始建立数据共享机制，但是对于这一机制的应用却存在较多漏洞，甚至仅仅有一部分财务信息实现了共享，多数财务管理内容并没有做到真正意义上的共享。

（三）财务管理人员素养有待进一步提升

对于行政事业单位的财务管理而言，财务管理人员的专业素质发挥着相当重要的作用，如果财务管理人员的专业素质较低，那么相应的财务管理工作也会存在非常多的问题。一些财务管理人员由于缺乏对财务管理工作的正确认识，所采用的财务管理方法相当落后，导致数据的资源化出现了严重的问题。为了切实提高财务管理的真实有效性，新时期的行政事业单位财务管理不仅需要加强对大数据技术的合理应用，还应当融合传统的人工管理模式，将两者正确融合到一起，全面提高财务管理效益。但是多数行政事业单位都难以正确把握大数据技术的应用程度，有的全面引入大数据技术，完全替代传统的人工财务管理，也有的过于坚持传统的财务管理模式，忽略了大数据技术所能够带来的推动作用。

（四）预算管理工作尚需完善

随着国内信息科技的稳步发展，许多行政事业单位的财务管理纷纷引入了大数据理念，这在一定程度上提高了预算编制水平，并且也优化了预算流程，但是在实际的预算管理工作开展中，依旧存在着很多不足。在近些年的发展当中，国内的许多行政事业单位都开始落实与加强预算管理工作，并且要求在加强预算监督与管理的过程中，重点把控资金产出水平，不仅需要尽可能为大众提供高质量高水平的服务，还需要做好自身的成本控制与节约，避免出现过大的成本浪费，推动行政事业单位工作的有效进行。现如今的许多行政事业单位，对于预算绩效管理工作存在着相当多的问题，忽略了这一管理工作对行政事业单位发展的重要性，制度建设也过于落后，再加上数据共享平台的缺少，使得数据预算与执行都呈现出了一定的偏差，影响了最终的预算效果。

二、行政事业单位财务管理工作的主要策略

（一）健全内部控制机制

行政事业单位承担着重要的工作任务，需要为社会发展负责，内部控制机制健全与否，直接关系着行政事业单位的发展能力。内部控制机制越健全，行政事业单位贪污腐败问题的发生率越小，资金利用率越高，内部工作系统的运行效率越高。行政事业单位的信息建设水平与内部控制机制密切相关，健全内部控制机制，可以优化信息建设，形成大数据系统，营造良好的大数据环境。在大数据环境中，行政事业单位各阶段的工作都被整理成信息数据的形式，且信息数据可以实现透明化，凸显共享性。大数据环境对内部控制机制的建立健全起到正面作用，又可以提高行政事业单位内部控制的效率。一般来说，行政事业单位可以采用以下几种内部控制的手段：第一是形成稳定的内控环境，财务管理人员需要加大宣传力度，确定各个部门的工作职能，体现内部控制的信息化。第二是构建风险预估系统，对内部的财务风险进行预估，及时发现财务管理过程中的问题，采用针对性的解决路径。第三是对行政事业单位进行内部评价和动态监督，分析每个部门的收支情况，并对资金的流向进行追踪。

（二）形成科学预算方案

预算方案越科学，行政事业单位的发展实力越强。云计算技术、大数据技术的广泛使用，简化了行政事业单位预算编制的流程，使行政事业单位的预算编制流程得到细化，并实现了信息数据中心的构建。在行政事业单位的内部管理工作中，预算工作占据核心位置，因此必须认识到预算方案的重要性。具体来说，行政事业单位应该做到以下几点：第一，单位的负责人应该对预算管理工作进行分析，形成数据中心，对单位的历史数据进行保存和记录，并根据这些数据确定行政事业单位的未来发展方向。根据各个部门的数据，确定各部门的资金应用状况，确定各个部门的月消耗定额、季消耗定额等，并实现各个部门信息之间的互通有无。第二，行政事业单位应该借助大数据的力量，整合单位内部的会计数据信息，对财务预算做出正确决策。同时，行政事业单位应该保证财务信息的透明化，对财务报表中的数据进行再三确认。

（三）培养优秀管理人才

管理人才的个人素质直接关系着行政事业单位财务管理工作的效率，因此需要提升管理人才的专业素养，使管理人才秉持现代化的工作理念。作为财务管理人员，不仅要具备专业的财务管理知识，还要掌握必要的信息技术知识、网络知识、数字化知

识等等，行政事业单位应该加大技术学习宣传，使管理人员树立终身学习的理念，形成新的财务管理思想。行政事业单位的领导层应该加大资金投入力度，引进现代化的财务管理设备，包括数字化机械设备等，为行政事业单位财务管理的专业化奠定坚实的技术基础。行政事业单位需要对各个部门的技术资源进行优化配置，实现各部门工作人员之间的联系。为了保证财务管理的有效性，其他部门需要和财务人员进行互通交流，保证信息资源的高度共享。管理者在构建管理队伍时，不仅要引进专业化、高素质的复合型人才，还应该定期开展教育培训，对已有的管理人员进行培训，使其掌握现代的财务管理方法、财务管理技术等，熟悉新型软件设备的应用，以此适应大数据时代的发展，提升个人的综合素质。

综上所述，在社会主义市场经济的大背景下，财务管理的重要性更加突出。在行政事业单位的管理体系中，财务管理占据着非常重要的位置。网络信息技术不断发展，其与各个领域的融合更加紧密。为了提高财务管理的效率，行政事业单位可以发挥大数据技术的重要性，构建信息化的财务管理系统。

第二节　行政事业单位财务管理内部控制

行政事业单位的财务内部控制，主要目的是结合单位现状不断地进行完善改革，制定科学制度措施，从而推动单位和谐建设，从多个方面加强风险管控，做好财务管理工作。行政事业单位的财务管理较为独特，与企业财务会计相较，内部控制一直是行政事业单位的管理薄弱之处，所以要不断地改革创新，符合单位发展需求，才能构建有力的财务管理，为单位长久建设发展提供条件。

一、加强行政事业单位财务管理内部控制的意义研究

随着行政事业单位建设的不断现代化，加强财务管理的内部控制逐渐受到重视，要实现完善的财务管理控制，需充分考虑单位的发展趋势，从社会发展的角度满足单位工作需求，从而巩固单位的社会力量。行政事业单位在我国社会经济中占据着不可替代的地位，是服务于人民，加强经济监管的重要部门。其具备文化发展与统筹协调等多种功能，要实现长远发展，就要充分履行自身职责，推动现代化建设，从而才能在新时代中不断改革创新。

而其中，财务管理的内部控制是关键环节，保证着行政单位的内部调整与和谐，只有符合单位未来发展目标的需求，才能保证内控机制发挥最大效能。行政事业单位未来的发展不能脱离财政的支持，结合内部控制的问题进行改革发展，立足于实践，

才能推动单位的进步与创新，推动改革步伐的加快，满足社会发展的需求以及民生发展的标准。同时，加强财务内部控制，能够解决行政事业单位当前面临的财政问题，助其发挥主要职责效用，保证在市场经济发展的背景下加强单位内部控制，杜绝出现腐败滋生等问题。有效的财务内部控制，能够促进单位内部和谐发展，改善当下管理封闭化、固化、不透明化的现存现象，从而弥补财务漏洞，加强科学规范的建设，推动单位长久发展。

二、行政事业单位财务内部控制现存问题分析

行政事业单位的财务管理内控机制存在很多的问题，想要改善当前现状，就要立足于实践，结合单位发展体系与现存问题灵活调整发展目标。结合现存问题来看，目前主要包含的问题有人员管理意识的不足、预算编制缺乏科学性，以及会计基础不足，影响内控效果，还有审批环节不规范与机制不健全、缺乏监督等。这些问题如果长期得不到改善，将影响单位财务管理的安全性与规范性。严重的情况下会限制单位的进步发展，从而导致腐败现象滋生等问题。

（一）内部控制人员的管理意识不足

在当前背景下，行政事业单位对财务管理的重视不足，部分工作人员较为注重的是财务资金管理，以及事业单位的未来发展，而内部财务控制的管理不尽完善。出现这一问题的原因在于事业单位内控意识薄弱，建立健全内部控制的必要性认识不完全，所以缺乏对内控机制的监督。部分人员认为财务核算是一项较为简单的工作，只需要做好凭证与账册，但是忽视了工作人员的专业职责，这在当下事业单位中已经成为一种常态问题，直接影响了专业人员的综合素质与内控机制的有效性。大部分管理工作都是由专业的财务部门单独管理，其他部门不参与，这样会导致财务工作的不全面，如财务信息缺乏真实性、不健全等，最终影响财务管理的决策，甚至在部分情况下，会影响单位内部工作氛围。所以需要充分考虑这一问题，改善现状，才能保证财务管理的有效性和单位内部的和谐。

（二）财务预算编制缺乏专业科学性

预算属于内控管理的核心内容，而预算编制是发挥预算效能的基础，结合当前行政事业单位的编制现状分析，存在着缺乏真实、科学性编制的依据。预算的出发点在于结合现状，从实际的角度出发，融合相关项目内容，制定针对性的预算策略。所以部分预算资金可以在实践中计算，保证资金的真实性与实用性。同时，部分财政预算工作缺乏专业的文件支撑，不能保证预算的透明性与规范化，降低了结果的准确性，不能发挥预算工作的最终效果。导致这一问题的，不仅有客观因素，还有人为主观因素，

例如专业预算编制工作者积极性不高，导致减缓了预算工作效率，拖慢进度，不能实现财务内控的水平提升。

（三）内控的效果受到会计基础影响

会计基础主要包含了人员素质、工作机制、管理等多种内容，内部控制的效果受到综合性因素的影响，这种影响会在单位发展中不断存在。大部分管理人员的专业素养较低，专业化的水平不高，且缺乏行业竞争意识。结合行政事业单位的相关特征来看，存在对工作的认识不全面，并且缺乏实践经验与专业知识的积累等问题。负责人员与社会发展存在脱节现象，没有及时了解行业中的最新方法和技术，以及相关的创新思想等内容，导致内部控制系统老旧落后，不能符合行政事业单位的发展需求。作为单位内部的核心工作之一，在长期存在这种问题的情况下开展工作是不能满足单位发展需求的，要充分与社会衔接，及时了解最新的工作思想与专业技术，并将新颖的现代化技术融入工作中，从而构建先进的工作机制，保证内控制度的健全。

（四）财务管理相关审批程序不规范

行政事业单位的内控问题最突出的属于管理审批问题，程序不规范，导致业务的交接出现混乱、错误现象，降低了业务交接的专业性，影响审批质量。在这种情况下进行审批工作，极易出现审批工作的漏洞与错误，降低审批环节应有的规范性。如果再加上内部人员的职责不明，还会影响环节的流畅性，不能保证全部人员职责明确，严重影响流程的顺利进行。主要表现在管理人员对内控工作的重要性认识不足，对审批工作的基本工作要求与相关标准把握不到位，所以导致审批环节过于形式化，无法发挥在财务管理中的真正价值。

（五）财务内部控制管理制度不健全

管理制度的健全，关系着内部控制机制的有效性。如果缺乏健全的机制，就失去了原本的效用。在财务管理工作中，内控效率较低是常见的问题之一。而这种问题会导致管理体系的不全面，影响安全与稳定性，导致组织面临风险的可能性攀升，从而降低内控管理的效率。财务内控关乎着行政事业单位的工作环节，监督机制以及动态工作等。虽然部分单位制定了相关的内控制度，但是不能从科学、长效的角度出发，内容较为零散，系统化不足，在单位中的覆盖面也较小，仅针对个别的部门制定控制机制。同时，在行政单位财务管理部门中，还存在"有章不循"的现象，部分要求文件只能流于形式，没有实际的用处，经常出现命令即制度的现象，导致财务内控问题严重，甚至出现腐败等现象。

二、行政事业单位财务管理内部控制策略

（一）提升财务内控意识

新形势下，行政事业单位尽管已进行了很多改革尝试，但其内部财务管理仍然存在诸多问题，尤其是在财务支出与审核中，存在很明显的风险问题，在很大程度上会影响到行政事业机构的经济效益。针对这些问题，需要进行严格控制，单位应当提升自身的财务内控意识，从根源上加大内控力度，强化对财务管理的防范与控制。一方面，行政事业单位内的领导应以身作则，高度关注财务管理与内控工作，进一步加大对财务的检查力度。另一方面，财务管理者要认识到加强财务工作内控的意义，在运营活动中贯彻执行财务工作，不得忽视财务的管理与审核。此外，单位应当定期和不定期地组织一些有关财务工作的培训活动，在提高所有管理者财务意识的基础上，进一步提高管理者本身的专业技能及水平，进而不断提高财务管理的综合效率及效果。

（二）优化财务管控体系

新时期，行政事业单位财务管理体系有了较大改变，例如，在财务支出与审核的管理中，需要财务管理者提前做好预防工作，改变以前只重视事后的管理的不足。再如在信息处理中，新形势下，在实际工作中，对信息的处理水平提出了更高要求，既要确保信息的真实性与安全性，还要利用现代化系统对其展开处理，将单位内财务管理方式转变为现代化管理方式，对那些落后的软件和设施要及时更新与淘汰，确保财务数据的有效性，便于财务工作者和单位其他员工查找与应用，既可以很好支持财务管理者高效地开展工作，还可以确保其工作效果，由此促进行政事业单位财务管控体系的进一步优化。

（三）强化预算管理

行政事业单位的预算管理工作就是管理单位的收支明细，行政事业单位应当开展全面的预算管理工作，行政事业单位的预算管理工作要涵盖单位的全部收入和支出。行政事业单位的收入和支出与预算管理工作的好坏有直接关系。行政事业单位内部控制首先是从预算管理工作入手。行政事业单位财务部门工作的顺利进行离不开完备的预算管理工作，所以强化预算管理必不可少。首先是明确行政事业单位的收支情况，每项业务的成本要确定，为预算管理工作的顺利进行打好基础。其次，要及时审查预算报表，保证管理质量。还有要注意调整预算，行政事业单位要根据预先制定的预算，将它的预算支出进行调整，这就是行政事业单位资金真正需要的。除此之外，管理预算时，一定要重点跟踪和管理资金的去向，确保资金预算能够发挥应有的作用。要想快速高效地完成预算工作，就要强化预算控制制度，从而促进行政事业单位财务内部控制制度的完善。

（四）进一步完善行政事业单位财务内控制度

行政事业单位应主动加快财务内控制度的完善与创新，提高其对市场经济的适应性。行政事业单位还应主动学习和借鉴其他国家和地区在财务内控制度方面取得成功的经验，在遵循行政事业单位财务管理工作发展规律的基础上，不断探索出更加适合我国国情的独特的财务内控制度。

新时期，不管是市场经济体系改革要求，还是政府宏观调控要求，均需要行政事业机构在财务活动的内控中进行改革，从本质上提升财务活动的内控效率。为此，在行政事业单位内部财务管理过程中，要发现目前管理中潜在的问题，通过优化财务管理机制与强化对财务管理者的专业培训等途径，进一步提升财务活动的内控效率。

第三节　行政事业单位财务管理风险防范

如今，我国事业单位体制改革逐渐步入成熟阶段，在此阶段中行政事业单位仍然需要面对众多挑战。在我国出台税费体制改革政策之后，行政事业单位承担的责任相应提高，其只有进一步加强风险管控才能有效遏制风险的发生，进一步提升资金的利用率，为企业创造更多的收益。由此可见，深入研究分析行政事业单位面临的挑战以及应对方案有着十分重要的意义。

一、财务风险内涵及具体表现形式

财务风险是财务管理过程中潜在的会对财务工作稳定性产生不利影响的因素，财务风险会导致企业最终获得的利润与预估的利润之间出现一定的偏差，从而降低企业的收益。在企业经营管理过程中，财务风险会一直存在，而行政事业单位的性质比较特殊，其不以盈利为目的，因此会忽略财务管理的重要性，缺乏有效的财务管理风险防范措施。

行政单位在筹资领域主要运用的方法包括充分利用自身资源、其他企业资金拨付、日常经营所得等进行发展。行政事业单位对财务拨款的依赖性非常高，要实现长远发展就必须扩大自身的筹资方法和渠道，为企业的长远发展准备充足的资金。部分项目周期较长，回收资金需要较长时间，这对企业资金管理极为不利，同时也提高了企业资金使用成本，企业也因此需要面临极大的财务风险。

在投资领域，行政事业单位存在的财务风险主要表现为：行政事业单位不但需要承担起基本的社会公共服务职能，而且要确定投资项目并分析和评估拟投资的项目是否可靠，从而做出科学的投资决策。一旦投资分析的偏差较大，无法及时收回所投入的资金，就会面临坏账的风险，导致资金链出现问题，内部经营管理也将出现诸多不确定性，导致投资风险高居不下。

对于日常支出领域，行政事业单位内部经营需要投入的管理经费、职工福利、固定资产损耗等费用较高，若缺乏科学的内部财务预算管理机制，未采用严格的资金支出监督与考核机制，将难以管控资金支出，无法有效调动资源，导致资源利用率低，使行政事业单位面临较大的财务风险。

行政事业单位在管理领域，必须创建健全的管理方案来规范化管理员工的工作模式和行为习惯，若制度不健全，或者是员工综合素质和专业能力与行业和社会发展要求不相符，就无法有效识别各类风险，也无法准确把握各项政策，导致无法做出准确的财务报表，信息使用者则会因信息获取不及时或不完善，影响到其决策的准确性和及时性，对企业发展造成不利影响。

二、行政事业单位财务风险防范策略

（一）做好财务基础工作

财务基础工作是现代化管理的重要基础，也是降低财务风险的必经途径。财务人员的基础工作水平如何，直接影响着会计工作的效率和成果。财务人员的个人能力和职业道德缺一不可。而我国行政事业单位财务人员普遍高龄化，其基础知识的更新已经不太适应时代发展进步的速度。财务工作的难度和强度不断提升，但财务人员的岗位流动小，财务人员的整体水平得不到有效提升。行政事业单位需要从领导阶层担负起对会计基础的领导责任，定期进行岗位培训，并招收专业人才，外招内训提高财务人员的综合素养。同时要转变财务人员的财务风险意识，提高财务人员财务风险分析、预测、监督、处理能力。制定合理的绩效考核机制，拓宽财务人员上升渠道。

（二）建立风险预警机制

行政事业单位的风险预防措施中最直接也最有力的便是建立一套结合单位实际工作需要的、科学的、易操作的财务风险预警机制。财务活动的规律性使得财务风险变得可以预测和量化。因此，行政事业单位需要根据过往以及当下的财务活动以及绩效成果，研究并找出单位财务活动规律以及财务风险规律，而后利用规律来预测和量化风险。为此，首先要确定财务风险预警指标并构建科学的模型计算发生概率。其次，保持财务风险预警指标与预警值的一致性，若脱离实际情况，则需要不断进行调整和更正，确保虚拟值与观测值的高度统一。最后，依托先进的数据处理技术建立财务风险预警模型，快速、有效地处理财务库数据。

（三）提高预算管理水平

会计预算是财务最基本的工作，同时也对财务运用起到先导作用，控制着财务运营的方向。提高预算管理水平能够有效降低财务运营中的各类风险，使得财务管理工作更加顺利，风险把控以及风险响应与处理更加迅捷，有效减少风险损失。为提高预算管理成效，需要完善预算编制与使用制度，提高单位财务人员的职业素质以及风险意识，严格执行国家关于预算管理的办法，法律以及各项廉洁纪律。加强岗位责任审查，将财务管理与政治管理完全独立开来。

（四）加大风险监督力度

行政事业单位的财务风险监督由内外监督两部分组成。因此，加强财务风险监督管理力度不仅需要从内部着手，还必须加强相关监督部门对行政事业单位的监督效力。加强内部监督的主要措施有：加强财务管理内部制度、增加内部审计机制，定期开展内部审计，明确财务人员监督职责等。加强外部监督的措施有：增强行政事业单位向相关监督单位财务项目汇报进度；优化风险管理处理评估标准；加强不合规、不合法财务操作的惩处；简化相关监督流程，加强监管与审查的覆盖率，避免有遗漏环节，提高会计信息监督的真实性和完整性。

结束语：行政事业单位在新时期必须更有效益地行使自身的公共职能，必须建立完善的内部财务管理制度，实现单位效益最大化。为此必须合理控制单位内部支出、收入与预算，以此为目标研究并制定相应的控制体系。从领导到财务人员均需要树立财务风险意识，自觉承担自身的职责。

第四节　政府会计制度行政事业单位财务管理

长期以来，行政事业单位不同于企业单位的性质，造成内部财务人员没有深入开展财务管理工作，大多还停留在初始的确认、核算、稽核阶段，更重视对资金使用的事后核算。但在社会经济发展的过程中，随着国家相关部门对行政事业单位内部管理要求的提高，其之前财务管理的状态显然不满足各方的要求，也不能适应社会经济发展的变化。在此形势下，财政部于 2017 年下发了关于印发新政府会计制度的通知，并要求各个行政事业单位不再执行此前的医院会计制度、高等学校会计制度、科学事业单位会计制度等，从 2019 年 1 月 1 日起统一执行新制度。在新政府会计制度的要求下，行政事业单位的财务管理不应该再局限于某些方面，而是要向为单位管理提供支持的方向转变。因此，现阶段探讨行政事业单位财务管理的现状，寻找相应的解决办法具有现实意义。

一、新政府会计制度对行政事业单位财务管理的影响

整体上，新政府会计制度的执行能够推动行政事业单位完善财务管理工作，积极影响大于负面影响。具体地，一是有利于行政事业单位开展全面预算管理工作并有效落实，新政府会计制度要求各个行政事业单位在做好基本财务核算的同时，对涉及预算资金收付的业务活动还要做好预算会计核算，分别反映资金使用和预算执行情况，此外，会计报表体系也新增了预算收支表等，这样一来不仅可以更加真实可靠地反映行政事业单位财务的实际状况，还能全面地反映其预算管理情况，全面开展预算管理工作并有效落实；二是有利于行政事业单位进行合理的资产配置，新政府会计制度对固定资产计提折旧和无形资产摊销做出了明确的说明，提出了更高的要求，而这之前行政事业单位在资产折旧摊销上的处理并不明确，并不利于资产的合理配置。值得注意的是，新政府会计制度的全面执行，使得各行政事业单位面临着突出的新旧制度衔接问题，如果不能及时调整去适应新制度，也会对财务管理工作造成负面影响。

二、政府会计制度下基层行政事业单位财务管理现状

（一）预算管理意识不强且执行不到位

首先，在基层行政事业单位中财务管理人员比较重视资金管理，一些行政事业单位中经费支出较为频繁，但对预算管理就没有同等的重视。在预算编制方面，有些行政事业单位并不符合零基预算法和综合预算法的规定，编制过程中很少与各个部门沟通交流，致使最终预算与各部门的需求不符，执行自然会有偏差；其次，在预算控制方面，有些行政事业单位基本支出中存在经费混用，有些单位项目支出中存在项目间资金调度，这不仅体现了预算控制不到位，还意味着预算管理约束力会大大下降。

（二）绩效管理水平有待进一步提高

首先在单位开展预算绩效管理的过程中，制定绩效目标、指标和标准是普遍难题，当前基层行政事业单位的全过程评价体系尚未完善，主要原因是基层预算绩效管理工作人员意识较为薄弱，基础不够扎实，没有专门负责预算绩效管理工作的机构，缺乏预算绩效管理专业知识。其次，由于绩效管理技术力量欠缺、政府公共目标追求多元化等因素影响，工作中，个别部门绩效指标设计随意性较大，没有真正做到从绩效角度和要求来考虑资金的分配和使用。同时受评价体系科学性、评价机制合理性的限制，评价报告质量参差不齐，大部分停留在反映规范财务等问题的层面，对绩效结果和政策效果方面揭示的问题偏少，涉及完善现行政策，提高财政资金配置效率等方面的建议深度不够。

（三）缺少健全的监督管理机制

财务管理工作不能缺少健全的监督管理机制，原因有以下两点：一是可以及时发现财务管理工作中权责模糊和越界的现象，制止管理过程中舞弊的损失，二是有效监督可以反向推进财务管理工作，提高管理的效率。但在行政事业单位中，建立健全监督管理机制的并不多，典型表现在对专项资金的监督管理方面。特别是在专项资金的使用上，存在着挤占、挪用等现象，这正是由监督管理机制缺乏导致。即使在新政府会计制度下，对专项资金的使用有较为明确的界定，也有行政事业单位存在不合规使用的现象。

（四）基层部门单位财务管理专业技术人员储备不足

基层的行政事业单位缺少专业的财务人员，行政事业单位现有的财务人员财务基础、技能也相对薄弱。前期在某县内的部门单位调研过程中了解到，有半数以上单位未设置会计科或财务科，财务人员为其他科室的兼职人员，且没有财会相关的专业知识或从业的经验。另根据公开的 2019 年该县事业单位招考信息，全县 80 个招考的岗位（不含卫生）中直接招考财务管理的只有 3 个，所提供的岗位中，会计专业能报名的有 10 个。另外，在基层单位内部，财务人员流转到其他业务部门的现象频繁，在少量单位虽然财务人员不流转，但缺少了相关的晋升渠道，消磨了财务管理人员的积极性。

三、加强政府会计制度下行政事业单位财务管理的措施建议

（一）预算编制与预算执行要相互照应且要做到精细化

在预算编制方面，一是要符合新政府会计制度的规定，严格按照规定的方法编制；二是在编制的过程中，建立信息沟通的平台，要让预算花到实处，满足各个部门和单位整体的需求。在预算执行方面，一是要与预算编制相互照应，遵循预算编制的内容，尽量做到预算外的资金少用，预算内的资金省着用；二是执行要精细化，审批要按照预算项目的明细进行。在预算执行方面，一是加强政府预算的刚性约束，要进行更加科学的编制；二是要对预算执行过程进行监督和评价，严控超预算支出。

（二）进一步完善绩效评价管理制度

严格按照《预算法》的规定，在完善全口径预算基础上，加强预算绩效管理顶层设计，健全完善涵盖绩效目标、绩效监控、绩效评价、绩效监督各环节的管理制度，形成相互衔接、相互制衡的制度体系，提高预算支出绩效管理制度化、科学化水平。一是进一步推进绩效过程全跟踪。加强项目绩效适时跟踪监控，重点监控项目支出绩效目标的实现程度、资金支付计划进度和项目实施进程。二是进一步健全绩效评价指

标体系。完善绩效指标体系设计，形成涵盖各类支出、符合目标内容、细化量化的绩效指标，逐步形成体现计划、行业、专业等方面特点的评价标准。三是进一步强化绩效评价结果应用。建立以绩效结果为导向的预算资金分配模式，按绩效评价结果确定项目支持手段、资金投向和规模。

（三）根据单位自身特点完善收支核算管控制度

行政事业单位的类型不同，业务活动就有显著的差别。在新政府会计制度推行实施的背景下，对行政事业单位而言，为了提高收支管控的效率，有效的途径之一就是根据单位自身的特点及新政府会计制度的要求完善收支核算管控制度，使其更满足单位自身和新制度的需求，加大管控力度。

（四）加强基层行政事业单位财务管理专业人员队伍建设

首先在单位内部机构设置上要设置专门的财务机构，解决基层单位财务人员非专职不专业的问题。其次要畅通财务人员的晋升渠道，激发专业人员学习专业知识和解决财务管理问题的能力。第三基层财务人员要不断更新自身知识结构和提高专业能力，财政部门或相关单位要及时传达新的财务、会计政策，并对相关政策进行培训。

新政府会计制度对行政事业单位财务管理提出了更高的要求，对行政事业单位的管理造成了实质性的影响。现阶段行政事业单位的财务管理依然存在不足之处，未来在实务中也难免会出现新问题，因此，整体而言行政事业单位的财务管理环境并不乐观。但是，这也只是相对而言的，随着政府会计制度的不断完善，行政事业单位管理的不断优化，如果善于发现财务管理中存在的问题，积极探索解决的办法，财务管理也会在此过程中有很大的提升。

第五节 审计视角下加强行政事业单位财务管理

一、行政事业单位财务审计中的薄弱环节

（一）审计意识较为落后

一些行政事业单位内部工作人员没有提高对财务审计的重视，未能充分意识到财务审计中存在的薄弱点。多数单位领导认为只要做好财务管理工作就能够保证单位内部经济活动的正常运行。多数管理人员也认为审计不能有效地提升单位经营效率，审计工作只是一种外在形式，不能够发挥审计机制应有的作用。同时，部分事业单位财务人员和审计人员专业水平不够，没有建立系统完善的审计知识结构体系，进而导致

实际的财务工作无法有效地落实。国家在推行国内事业单位的改革中，由于单位内部的财务人员、审计人员业务技能不足，限制了事业单位改革步伐。

（二）尚未构建较为完善的审计监督体系

单位内部部门如果沟通机制欠缺，就不能够高效地推动其深化改革。国内部分行政事业单位内部没有建立完善的监督管理机制，各部门之间缺乏有效的协作与沟通。由于国内的行政事业单位的公益属性，其运营管理是为社会提供公益性服务，要求相应单位内部必须公开、公正、透明地接受社会公众的监督。但是部分单位设置的监督职能比较薄弱，多数监督工作流于形式。部分单位没有建立良好的信息共享机制，导致单位内部的监督人员无法施展其监督的职能和权限。

（三）审计基础性工作相对落后

在当前行政事业单位深化改革的阶段下，审计基础工作的开展，以及制定的审计制度存在较大的漏洞，进而导致审计单位内部产生较大的经营风险。此外，部分行政事业单位内部的财务核算工作比较薄弱、相对落后，财务核算处理工作比较随意，导致后期的审计工作无法高效开展。

二、加强行政事业单位财务管理对策建议

（一）加强预算编制的规范性和科学性，提高预算执行力

行政事业单位应当完善预算编制管理程序，确保程序规范、方法科学、编制及时、内容完整、项目翔实、数据准确。建立本单位内部各部门之间的沟通协调机制，确保预算编制部门及时获取和有效利用与预算编制有关的信息；财务会计部门，正确掌握与预算编制有关的政策，做好相关人员的培训工作，及时全面掌握相关规定；在预算编制上，结合本单位的具体情况和项目方法的特点，采取科学编制，如零基预算、绩效预算等，使管理者能够审查所有业务元素，并帮助创建一个高效、精简的组织。如果绩效考核和激励科学合理，可以促使各个部门主动降低费用。其次，落实单位内部各部门的预算编制责任，树立绩效管理理念，预算一旦下达，需要保证其严肃性，各部门应当严格执行预算方案，严格控制预算追加与变更，禁止先办事后审批，做到专款专用。

（二）加强资产管理，优化资产配置

单位应根据国家有关法律法规结合本单位的实际情况制定资产管理实施细则和管理流程，明确资产管理责任，遵循谁使用谁负责原则，把责任细化。行政事业单位一定要严格自身购买审批环节，落实相关部门购买资产是否确实需要，严禁盲目、重复购置资产的情况，避免造成资源的浪费，提高资产使用效率。对于一些项目的立项应

当按照三重一大的规定处理，严格审批立项程序，落实集体表决制，绝对不能出现一个人说了算的情况。另外，单位也要组成可行性研究报告编制小组或聘请专业的中介机构进行可行性研究报告分析，合理、科学地分析项目的可行性，避免项目盲目上马造成国有资产流失。

（三）加强债务债权管理，规范会计核算

本单位业务部门在涉及收入的合同协议签订后，应及时将合同及其他相关资料报送财务会计部，作为会计处理的依据，以确保全部应收收入的足额收回。并按照会计准则及时入账并及时足额上缴国库或财政专户，严格执行"收支两条线"的规定，财务会计部应定期检查收入金额是否与合同约定相符；对未收款项应查明情况明确责任主体并落实收款责任。该单位要做好债务和债权的核算和档案保管、人员变动交接等工作，加强债务的对账和检查控制，定期与债权人核对债务余额，对债权债务及时清理。

（四）加强会计人员培训，提升职业判断能力

行政事业单位应当履行财务管理的主体责任，建立健全内部控制制度，在日常财务管理中，严格按照有关财经纪律和制度规定要求，强化财务报销支出的审核监督和管理，不断规范财务管理；在一些业务处理上要按照会计准则和财务管理的原则进行，不能靠主观决策。同时也要提高会计人员业务素质。

（五）加强内控管理体系建设，防范财务风险

行政事业单位应当根据国家有关法律法规、政策，结合本单位具体情况和单位内部控制环境，与时俱进，并随着外部环境的变化、单位经济活动的调整和管理要求的提高，不断修订和完善，建立健全单位各项内部管理制度，做到有法可依，有章可循。行政事业单位的经济活动主要包括预算、收支、政府采购、资产管理、项目建设、债务管理、经济合同的订立执行等方面，一方面根据本单位的业务特点、管理等要求，对各部门的人员职责进行科学合理分工，形成科学有效相互制约的管理机制，做到不相容岗位相互分离控制；其次，一定要明确业务人员的职责和权限，从预算编制到预算执行当中一定要做好监督管理，相应的监督部门和人员一定要高度独立，确保监督落实到位，这样就会形成事前、事中和事后监督的闭环管理过程，尽量避免国有资产流失的风险，提高单位经济效益。

（六）加强整改跟踪管理，夯实财务管理工作

行政事业单位应当围绕审计发现问题进行整改，不能流于形式，一定要注意实际效果。整改的过程中应当深入分析和研究形成问题的原因，不能简单地发现问题就完事了，要多维度识别各类经济业务层面的风险并制定应对措施，进行严格检查对照，梳理和规范单位内部的业务流程和规章制度，建立长效的管理机制。做到标本兼治，

防范类似问题频发，规范流程，堵塞漏洞，提高科学管理，夯实财务管理工作。

为了实现行政事业单位经济活动控制目标，监督起到至关重要的作用，利用行政事业单位整合的现有监督资源，依托以纪检、监察、审计部门三者相结合的监管模式及其地位相对独立，行政事业单位应不断强化监督管理，对预算执行、绩效考核、资金使用情况也应当做好相应的监督，对于可能存在的问题一定要采取措施、及时整改，将内控作用充分发挥出来，进一步提高行政事业单位财务管理水平。

第六节　新会计制度下的行政事业单位财务管理

一、新会计制度下行政事业单位财务管理工作

一直以来行政事业单位财务管理工作主要内容就是根据金额的收支情况，分析行政事业单位的工作开展现状，并反映财务资金的流向和资金运作，另外，往往该制度也会对行政单位相应的经济活动进行优化和管理。所以新会计管理制度在行政事业单位财务管理的过程中就应运而生了，相关人员要在传统的财务管理方式上进行改革和创新，符合现阶段行政事业单位财务工作的各项要求，既要体现行政单位的各项收支情况又要根据该规章制度对资金运作做出制约。并且在改革过程中要注重新会计制度的合法性，要按照新时代对于会计相关的法律法规进行创新，从而达到在新会计制度管理模式过程中有法可依有规可据，只有各项人员在相关法律法规制定出来的管理制度下工作办公，各项活动根据国家政策开展落实，才能保证工作成果得到法律的保障，并对工作过程进行有效监控。在新会计制度下各项数据更加全面准确真实，为行政事业单位财务管理工作提供更加完善的信息，让财务管理部门根据信息依据进行更加高效的决策。

二、行政事业单位财务管理存在的问题

（一）财务管理理念缺乏

行政事业单位在日常运营管理过程中往往并不利用该过程获得收入和盈利，行政事业单位日常的经营工作主要是以为广大人民服务为根本，在此过程中政务常常会无偿为行政事业单位提供资金补贴，所以在资金管理过程中会存在一些忽视资金管理或者资金流向漏洞等问题。随着我国经济水平的不断发展，资金对各事业单位不断加大注入，在资金注入的过程中开展各项经营活动，赚取额外的资金收入，但是在投资方向和资金投入风险没有进行完善的评估，也没有对投资失败做出提前预算，另外，存

在一些事业单位对投资项目进行中长期投资，在资金周转过程中易产生债务问题，事业单位往往无法承受其风险和损失，所以易产生资金周转困难，资金损失坏账。

（二）完善财政监督体系

随着我国经济水平的不断增长，我国政府不断加大对各事业单位的资金注入，在此同时各事业单位就需要对资金流向、投资项目进行有效监管，进一步优化财务体系制度和监管方式，在项目投资过程中首先要进行风险的评估，避免因为资金流动造成周转困难，并且在资金注入项目过程中做出有效监管，合理利用资金。在管理制度上要合理安排财务人员，分工明确并按照合理合法的规章制度办公，设立监管部门，完善相应的人员监管制度，保障资金在项目投资过程中合理合法，规避投资风险。

（三）资产管理体系有待完善

由于大部分行政单位在办公过程中是不盈利的，所以行政单位的资金来源是政府的调拨和补贴，因此，在调拨过程中缺乏对政府调拨资金进行有效管理，从而导致资金在注入其他项目时数额不准确。在部分行政事业单位，由于资金管理制度部分不完善，往往大部分资金存在限制或者未被清算出来，从而使会计工作进行中账目不准确，降低资金使用效率，使资金管理工作无法正常开展。

（四）行政事业单位内部缺乏财务风险管理体系

行政事业单位财务工作出现风险的原因，大多是由于工作人员对资金管理风险不够重视，所以要加强对财务人员风险意识的培养，缺乏投资风险意识的决策人员所作出的投资决定往往是片面的、不够严谨的、不够合理的，这种决定会导致投资项目出现中长投资的风险问题，使行政事业单位财务管理规章制度无法起到相应的管理作用。

（五）政府事业单位财务管理人员素质有待提高

随着经济的不断进步，行政事业单位的财务管理制度也不断完善，这就要求相应财务管理人员的财务管理知识不断提高，仅仅要求政府事业单位完善管理制度是不够的，作为决策者的管理人员要不断提升财务管理能力了解相应法律法规，缺乏法律法规的管理人员易因不懂法不懂规出现贪赃枉法的问题，不符合我国依法治国的基本国策，无法让政府事业单位进行合理的财务管理，也无法让相应的财务工作顺利进行。

三、新会计制度下行政事业单位财务管理改进对策

（一）构建完善的财务管理制度

想要构建科学完善的财务管理制度，就必须加强内部控制与监督，建立相对完善的财务管理系统和奖励系统，提高财务管理人员的专业素质，制定专门的绩效考核制度。因为行政事业单位的财务管理关乎社会经济发展的大方向，想要使整个系统正常

运转，为单位创造更大的盈利空间，不仅仅是财务部门，而是需要各个部门各司其职，协同合作，建立良好的工作关系，并且还要完善内部控制监督体系，构建完整科学的财务管理体制，明确每个员工的责任和工作，要求在工作的过程中实事求是，保证每一笔财务的准确性和真实性，强化细节，注重内部控制。这样一来，才能提高财务管理工作效率，资金使用率才会更加合理科学。

（二）提高工作人员的专业技能

合格的财务管理人员的基本技能必须过硬。在新会计制度中，财务管理的核心就是会计从业人员，从预算、支出、收入等方面，都要有扎实牢固的法律知识和会计知识。如果从业人员素质低下，很容易出现违法挪用资金等犯罪行为，这些都会导致预算风险出现，入不敷出，影响整个财务管理体系正常运转，阻碍社会经济发展。所以说，充分落实我国法律法规对财务管理人员的要求是非常有必要的。财务管理工作要严格按照会计制度执行，对财务管理人员定期培训和考核，提升从业人员的工作技能和自身综合素质，避免出现财务风险，从而保护行政事业单位的财产安全。因此，在新会计制度下，提高财务人员的素质迫在眉睫。

提高行政事业单位财务管理的工作效率对社会经济发展有深远的影响。积极构建科学完善的财务管理制度，可以最大限度提高从业人员的专业技能和工作素质，在管理中加强财务内部控制和监督，可以有效维护单位资产安全。新会计制度的出台提升了行政事业单位财务管理工作的准确性与真实性，对于推动我国财务管理工作的健康可持续发展有积极意义。在经济社会不断发展的同时，还需要不断完善市场经济体系。新会计制度下的行政事业单位财务管理工作要采取有针对性的方式，落实资金流向，资金利用透明公开，符合社会不断发展的实际需求。新会计制度下，行政事业单位财务管理工作是我国现代化建设的里程碑，它标志着我国经济社会的转型。总之，只有不断地发展和改革，才能适应社会发展的需要。

第七章 行政事业单位财务管理的创新研究

第一节 行政事业单位财务绩效管理

随着行政事业单位体制机制的不断变革，优化行政事业单位的财务管理绩效也需与时俱进。作为执行预算会计的体制内单位，财务管理绩效仍可以在"产出／投入"的分析框架下来理解。在追求预算配置效率的前提下，应实现一定的情形下资金投入最小化。因此，在资金配置效率优先的原则导向下，来分析优化行政事业单位财务管理绩效问题，则成为本节立论的出发点。那么又有哪些因素影响了预算资金配置效率呢。结合笔者的工作体会发现，其可以从组织生态、过程监管、事后控制等多个环节来寻求答案。通过梳理现阶段的有关文献可知，作者大都习惯从全面预算管理技术层面来进行策略构建，而较为忽略对体制内单位组织生态环境影响因素的解析。对此，笔者在本节将做出规避。

一、行政事业单位财务管理短板分析

具体而言，可以从以下两个方面来分析财务管理的短板。

（一）传统组织生态决定了资金节约意识不足

与经济组织不同，行政事业单位并不具备营利任务。这就在现实中导致行政事业单位部分人员，存在着资金节约意识不足的倾向。这种倾向主要反映在，针对特定事由的资金预算精确度不高，习惯于依据惯例和历史经验来做出。与此同时，在完成事由所决定的任务时，在资金使用上缺乏节约自觉。现实表明，若是无法从职工主观意识上强化资金节约意识，那么则难以保证在知行统一的基础上切实执行行政事业单位的财务管理制度。

（二）现有预算制度决定了资金监管存在缺位

目前，影响行政事业单位财务管理绩效提升的环节主要集中在办公经费的使用方面。对于那些采购经费使用，因存在着招投标机制所以能够在很大程度上提供绩效保

障机制。办公经费的拨付一般按部门人头来执行，且对办公经费的使用存在着事实上的软约束。调研可知，以部门人头数开展预算工作，会忽略对部门个体资金节约行为的规制。在现实中，部门成员可能做出"搭便车"的行为，这样就可能导致办公经费偏离"产出／投入"的目标。

二、优化行政事业单位财务管理绩效的着力点

在问题导向下，这里从以下三个方面来讨论优化财务管理绩效的着力点。

（一）着力于组织生态重塑

这里的"组织生态重塑"主要指在行政事业单位的全员中重塑他们的资金节约使用意识。传统模式下的意识构建，往往基于简单的说教。而重塑组织生态，则需要从知行结合的角度来切实强化他们的资金节约使用意识。因此，这里需要行政事业单位管理层以身作则，并为优化财务管理绩效提供舆论支持。

（二）着力于落实主体责任

这里的"主体责任"主要指科室部门负责人的财务管理责任。之所以锁定科室部门负责人，是因为其直接与行政事业单位的组织架构相联系，也直接与行政事业单位具体事权与财权的结合现状相联系。当前存在的部门办公经费软约束现象，部分就根源于部门负责人监管缺位。

（三）着力于强化事后控制

这里的"事后控制"指对预算执行后的"产出／投入"关系进行评价。与经济组织不同，这里的产出应从事由的完成情况入手，所以其缺乏可量化的基础。为了完善评价机制，则需要考虑构建多部门综合评价的办法。

三、策略构建

根据以上所述，策略可从以下三个方面展开构建。

（一）建立办公室资金使用信息定期公开制度

前面已经提到，在重塑组织生态时应改变单纯以说教的方式来对待。建立知行结合的预算资金节约使用舆论环境，需要根据组织由上向下传递的内在规律，并以可视的感官效应来促使职工逐步形成资金节约使用意识。那么，行政事业单位的党委办公室、行政办公室，便需要在单位的制度框架内定期向职工公开资金使用信息，并以历史数据作为对比来鲜明体现单位管理层在资金节约使用上的努力程度。

（二）激励兼容原则下落实科室部门主体责任

激励兼容是指，被激励人获得满足的同时，能够按照激励人的意图行事。在这里体现为，单位管理层需要针对部门负责人的资金监管工作设计出激励策略，而这种策略又能切实激励部门负责人履行监管职责。笔者建议，可以分期额定部门办公经费，并在完成事由的基础上允许部门将结余经费按比例提留作为福利基金。这样一来，不仅能够将预算管理从外围转换到部门内部，同时也提高了部门负责人的部门威信。

（三）根据事由执行情况开展对部门联合评估

在行政事业单位效能管理背景下，需要对部门各项工作实效进行判断。正如上文所指出的那样，在缺乏营利性刚性目标考核的情形下，需要由多部门对事由完成情况进行评价。笔者建议，评价结果需要落地于具体的个体身上，作为个体和部门绩效考核的参考指标之一。同时，评价结果也直接决定个体、部门在今后申请预算经费的额度。这样一来，就形成了激励和规制措施，能够提升预算资金配置的"产出／投入"效果。

以下就今后的工作进行展望：

需要提升财务人员的成本控制意识，可以从两个方面展开：一是岗位培训。岗位培训的重点在于岗位意识，而对于意识的增进则需要创新工作方式。随着事业单位未来5年改制程序的启动，单位管理者应在这一背景下增强财务管理人员的历史责任意识；并在党建工作开展的推动下，强化财务管理与成本控制活动的联动开展。二是部门调研。建立部门调研的长效机制，在于获取各业务部门资金需求状况的一手信息，以及对固定资产使用情况进行考察。

本节认为，行政事业单位财务管理绩效仍可以在"产出／投入"的分析框架下来理解。目前的财务管理短板主要为：传统组织生态决定了资金节约意识不足、现有预算制度决定了资金监管存在缺位。在着力点分析的基础上，提出了三个方面的优化策略：建立办公室资金使用信息定期公开制度、激励兼容原则下落实科室部门主体责任、根据事由执行情况开展对部门联合评估。

第二节　行政事业单位财务管理智能化

智能化概念是新时期各行各业广泛关注的重要科技领域，对于行业发展有着重要意义。尤其是行政事业单位的财务管理工作中，通过智能化技术应用，能够实现行业劳动力的解放，提升财务管理工作的效率和质量，进而推动行政事业单位高效率发展。传统的行政事业单位财务管理存在一定的问题，制约了行政事业单位财务管理工作效率的提升，给行政事业单位的发展带来了不利影响。

一、财务管理智能化的意义

财务管理智能化是现代互联网信息技术与智能化技术融合的产物，以互联网信息技术的高效运算平台为基础，结合人工智能技术，实现对行政事业单位财务管理工作的变革。

智能化财务管理能够有效提升财务管理工作的效率，降低财务人员的配比数量，通过智能化信息技术的真实性，大大提升行政事业单位财务管理工作的质量和财务统计精准度，为行政事业单位发展奠定财务管理基础，进而提升财务管理工作的实效性。智能化财务管理能够实现一些标准化、流程化、规范化财务工作的高效率处理，并提供工作精准的保证，财务管理工作的重要要求就是财务数据统计精准度建设，而智能化财务管理通过现代计算机设备高速精准的运算能力和数字信息化处理能力，大大提升了财务数据计算的精准度，成为当前时代行政事业单位的财务管理"金手指"，为行政事业单位的发展提供了财务支持。

二、行政事业单位传统财务管理中存在的问题

首先，行政事业单位传统财务管理中存在着管理制度缺失问题。管理制度缺失的问题主要表现在三个方面：

第一，财务管理人员配置存在不规范的情况，财务机构建设不完善。事业单位传统财务管理制度缺乏完善的财务管理部门框架构建原则，使得财务管理人员配置出现不科学现象。

第二，财务工作进行时存在混乱情况。财务工作是复杂的工作集合体，涉及了多方面的工作流程，例如财务审批、发票整理以及财务审查等等，然而由于财务管理制度的缺失，造成了财务管理中出现工作混乱的情况。

第三，存在财务报表与实际情况不符的现象。财务报表需要进行严格的计算统计，然而由于行政事业单位复杂的财务应用，给统计工作造成很大难度，影响财务管理工作的精准性，造成报表不精准的情况。其次，行政事业单位传统财务管理中存在不规范的情况。在传统行政事业单位的财务管理工作中，财务管理人员对管理工作存在重视度不足的情况，常采用粗放型的管理方式，造成了行政事业单位的财务管理缺失，影响了财务工作的高质量开展。

三、财务管理智能化在行政事业单位的应用路径

通过财务管理智能化，实现对财务管理理念革新。财务管理理念是财务管理工作开展的重要基础，是财务管理工作开展的重要前提。在行政事业单位应用智能化财务

管理，能够对财务管理工作进行管理理念革新，将新时代的高效管理理念融入行政事业单位的财务管理中来，通过现代互联网信息技术与智能技术对财务管理流程进行规范，能够有效提升财务工作的效率和质量。随着新时期我国科学技术的不断发展，智能化技术已经得到了巨大提升，逐渐融入各个行业领域，在财务管理中融入智能化管理，是新时期行政事业单位进行财务管理工作创新的重点所在，对于行政事业单位发展有着重要的推动意义，是行政事业单位实现财务管理工作创新和财务管理理念革新的必然途径。

智能化财务管理，能够推动行政事业单位财务管理工作信息化发展。行政事业单位财务管理信息化发展是新时期行政单位财务工作的重点所在，加强财务管理与信息化技术的融合，能够有效财务管理工作的实效性，而智能化财务管理体系正是新时期财务管理工作与信息化技术、智能技术融合的产物。在高速发展的现代社会，为赶上时代步伐，必须提高工作效率以增强行政事业单位的服务能力，而行政事业单位提升自身的服务能力离不开财务管理工作的支持。通过财务管理智能化应用，能够大幅度提升行政事业单位财务管理工作的实效性，推动事业单位服务能力进步，实现对财务管理工作的革新。财务管理智能化是互联网信息技术与智能技术高度结合的产物，能够实现新时期行政事业单位财务管理信息化的转变，进而提升财务管理工作的信息化水平，通过信息化技术应用，能够对财务数据进行精准的统计，提升财务数据计算能力，大幅度提升财务管理工作的时效性，实现行政事业单位财务管理信息化发展与进步。财务管理作为行政事业单位重要的工作组成结构，提升财务管理工作的效率是提升行政事业单位整体工作效率、优化工作流程的必然途径，能够在最大程度上提升行政事业单位的服务能力，而提升财务管理效率的必然举措就是加强对信息化技术的应用，智能化财务管理是满足行政事业单位财务管理效率提升需求的重要方案，是实现财务管理信息化应用的重要途径。作为互联网信息技术和智能技术结合的现代财务管理方式，智能化财务管理具备高度的信息技术应用特点，能够实现行政事业单位财务管理工作的信息化发展，提升财务管理工作效率。

智能化财务管理落实，能够提升财务管理人员的财务管理意识。财务管理人员作为行政事业单位财务管理工作开展的基础，其财务管理意识直接决定了财务管理工作的质量和时效性。智能化财务管理，能够实现财务管理工作的革新，进而对财务管理人员的财务管理意识进行强化，为财务管理工作的高质量开展奠定意识基础。智能化财务管理工作是财务工作与信息技术以及智能技术的融合，通过其中信息技术应用，能够对财务管理人员的信息财务意识进行优化，进而帮助财务管理人员明确财务信息化意识，提升财务管理工作中信息化应用力度，为财务统计精准性提供信息技术保障。新时期背景下，财务管理智能化已经成为行政事业单位发展的必然途径，对财务管理人员进行财务管理意识转变是提升财务管理智能化应用的必然途径。

规范财务管理工作流程，落实财务智能化管理。财务管理工作是复杂的综合性工作，涉及了财务报表审查、发票数据统计以及财务支出和财务收入统计等等，面对复杂的工作流程，需要制定规范化的财务管理流程，才能够保证财务管理工作的质量。对财务管理智能化应用，能够对财务管理流程规范进行系统输入，实现财务管理系统的职能审查，既能够提升审查效率和精准性，还能够解放大量财务人员劳动力，优化财务人员配置，推动行政事业单位进步与发展。

行政事业单位作为我国重要的职能结构体系，对于我国社会发展具有重要意义。财务管理工作作为行政事业单位的重要工作内容，其管理效率和质量直接决定了行政事业单位的发展脚步。财务智能化管理是新时期财务管理工作与信息化技术及智能化技术结合的产物，对于行政事业单位的财务管理工作创新具有重要推动作用，为行政事业单位的服务能力发展提供财务管理支撑。

第三节　县级行政事业单位财务管理

近年来，随着我国现代财政制度建设和财税体制改革向纵深推进，预算绩效管理改革、国库集中收付制度和政府采购等财政制度的不断完善以及从 2012 年起，相继发布并施行的新行政会计制度，规范了行政事业单位财政财务收支行为，加强了行政事业单位财务管理和会计核算。以 L 县行政事业单位为例，县级行政事业单位财务管理仍存在着一些不容忽视的主要问题，如会计基础工作比较薄弱、现金管理不规范、内部控制制度不健全、截留挤占挪用专项资金等。本节针对 L 县行政事业单位财务管理存在的问题，从提高行政事业单位主要负责人对财务管理的认识、建立健全对主要领导干部和财务人员的教育培训长效机制、充分调动行政事业单位财务人员工作的积极性等方面，提出进一步加强县级行政事业单位财务管理的建议与对策。

一、县级行政事业单位财务管理存在的主要问题

（一）会计基础工作相对薄弱

一些县级行政事业单位不按照新财务规则、会计准则、会计制度的规定进行会计科目设置，仍使用已作废会计制度下的会计科目，还有的自行胡编乱造会计科目；不按规定用公历制设置会计年度，而是按农历制设置；登记总分类账簿不符合规定，采用活页账簿登记总分类账，未采用订本式账簿。总分类账和明细分类账不分，一本活页账，既顶替总分类账，又顶替明细分类账。有的单位甚至未设明细分类账，每年财政部门拨入数千万元的专项资金，只反应在总分类账拨入经费或拨入专项科目，不设

明细账，账面无法反映出每类专项资金的具体拨入数额；会计凭证未按规定装订成册，会计档案未设专人保管。

（二）现金管理不规范

主要表现为：现金日记账未做到日清月结。有的单位将平时单位公务等支出每月只在现金日记账上作为一笔现金支出账来登记，记录不规范；超限额使用现金。一些单位出纳将财政部门拨付到单位零余额账户的资金，一次或分多次全部提取现金，超限额支付公务接待费、购置费、维修维护等费用，一些单位甚至将数十万元以上的预付工程款也以现金方式支付，不通过银行以转账的方式进行结算白条抵库屡见不鲜。一些单位出纳保存的个人借款收据长期不入账挂往来，未及时进行账务处理，如领导出差，打白条支取现金少则几万，作为会计也不能督促及时报账，年底库存现金余额较大，实际全部为白条抵库；坐收坐支现象依然存在。有的单位收取的各类款项不及时上缴当地政府非税收入财政专户或缴存银行，而是直接用于支付单位的公务等支出。

（三）往来款项长期挂账

县级行政事业单位普遍存在往来款项长期挂账的问题，账龄有的达二三十年之久。一些单位对于工程或项目已结束而结余的专项资金往来，未按照《中华人民共和国预算法》的规定及时上缴当地财政部门，长期挂账；一些单位对于因债务方无力偿还或债务人已经死亡而形成的呆坏账未按照行政事业单位财务制度及时清理，长期挂账；还有的是由于主要领导人事变动形成的往来，主要领导离任前，处理任职期间形成的债务未取得发票，再遇上会计移接交，形成的往来款项长期挂账；一些半拉子工程，后期不再投入资金，形成的预付工程款长期挂账。有的工程项目早已完工并投入使用，单位预付工程款一直未向中标企业或施工方索取发票，由于累计预付的工程款和工程审定价基本相差无几，中标企业或施工方不愿开具发票，导致预付工程款长期挂在往来账上。

（四）固定资产管理混乱

主要表现为：应记未记固定资产。一些单位购入的金额达到应记固定资产的打印机等设备未记固定资产。有的单位接收上级给调拨的电脑等固定资产，虽然上级部门的固定资产调拨手续齐全，但是并未记入本单位的固定资产明细账，使固定资产游离于账外，时间一长，再加上主要领导变动和会计移接交，易造成国有资产流失；未设固定资产明细账。一些单位总分类账固定资产科目有固定资产的金额，但未设固定资产明细账，往前追查，前任会计移交就没有固定资产明细账，后任会计照前任会计的做法，每年在总分类账固定资产科目汇总一笔，但无明细可查；处置固定资产未办理审批手续。一些单位擅自出售、核销账面报废或年久且失去使用价值的固定资产，未按规定在地方财政部门或国有资产管理部门办理审批手续。

（五）不合规票据列支费用

主要表现为：白条列支费用。一些单位发生的经济业务事项，如购置办公用品、支付绿化劳务费、支付物业管理等费用，是以领导签字的白条或普通收支列支。还有的单位以内部资金往来结算收据顶替发票列支费用；发票的要素不齐全、不完整。发生的经济业务内容填写太笼统，如只在发票上填写办公耗材、业务用书等，无具体的商品名称和购货清单，有的发票没有具体日期；以超范围发票列支费用。如以客运发票列支租车费，以国税部门开具的机打发票列支劳务费用，以国税部门开具的材料发票支付合同方包工包料的维修等工程款等。

（六）转账支付非应收款单位或个人账户费用

县级行政事业单位普遍存在转账支付非应收款单位或个人银行结算账户费用的问题，如支付工程前期发生的勘察、设计费用，预付工程款、支付工程监理费，未转账支付中标企业、合同签订方或施工方在银行开设的账户，全部转账支付经办人等个人银行结算账户；单位集中支付办公费、公务接待费、公务用车运行维护费、宣传印刷费、广告牌匾制作等费用，虽然执行《现金管理暂行条例》和《现金管理暂行条例实施细则》的规定，以转账支付的方式进行结算，但未直接转付应收款单位或个人在银行开设的账户，而是转账支付单位办公室主任或单位干部职工等经办人个人银行结算账户。

（七）账务处理不规范

主要表现为：以拨作支。一些行政事业单位下设的二级单位不是财政预算单位，财政拨款要先拨付到部门，部门再将资金拨付其二级单位，一些单位将财政拨入的应拨付其二级单位的经费、专项资金，借记经费支出、专项支出，形成以拨作支，从往来列收列支。有的单位直接将财政拨入部分资金在往来科目核算，支出冲减往来，形成从往来列收列支；虚增收入、虚增支出。一些单位将代扣的干部职工个人所得税、医疗保险、住房公积金等代扣款，或者将收取的社会抚养费等应缴财政的款项记入其他收入，形成了虚增收入。代缴地税等部门或上缴当地政府非税收入财政专户后，列入其他支出，形成了虚增支出、虚列支出。一些单位将应付未付款项直接列支，账务处理未贷记其他应付款，还有的单位虚列办公费等支出，用于"三公"经费支出。

（八）截留、挤占、挪用专项资金

主要是主管部门截留、挤占、挪用专项资金。主管部门不及时将财政部门拨入其二级单位的专项资金下拨，或者列暂存款，长期占用，截留用于部门的公务等支出。主管部门以项目管理费、质保金等名义将应拨付其二级单位的专项资金截留，达到挤占、挪用的目的；项目实施单位挤占、挪用专项资金。一些项目实施单位未对各类专项资金设专账单独核算，而是与经费混合核算，挤占、挪用专项资金用于公务等支出；有的单位虽然将各类专项资金设专账单独核算，但在专账中列支本应作为经费列支的办公费、公务用车运行维护等费用，形成挤占、挪用专项资金；资金使用部门或项目实施单位将各个项目的专项资金相互挤占、挪用，用于非专项资金规定使用的支出项目，形成项目之间挤占、挪用专项资金。

（九）未履行政府采购手续

各地区参照《中华人民共和国招标投标法》《中华人民共和国政府采购法》，基本都出台了结合本地实际情况的政府采购等地方性法规。但在执行中，不严格按规定办理政府采购，如采购在政府采购目录内的货物类、工程类、服务类项目时，应办未办政府采购；将达到政府采购限额的采购项目肢解为多次自行采购，规避政府集中采购；将达到公开招标的工程项目化整为零，分多次办理政府采购，逃避公开招标；采购政府集中采购目录以外的，单次采购预算金额达到规定标准以上的货物类、工程类、服务类采购项目，且属于政府采购或公开招标范围内的，未实行分散采购或公开招标；未在当地政府确定的供应商处采购办公用品、电脑耗材等。

（十）内部控制制度不健全

县级行政事业单位不严格执行 2012 年 11 月财政部印发的《行政事业单位内部控制规范（试行）》（财会〔2012〕21 号）的相关规定，未建立相应的内部控制制度，会计与出纳人员未分别设置，职责分工不明确，如会计既保管单位公章，又保管财务专用章，还保管现金支票和转账支票，兼记银行存款日记账。有的单位会计兼出纳，既记账又管钱，不符合不相容职务相分离的规定，易产生监守自盗、公款私存私用等问题。即使有的行政事业单位建立了内控制度，执行也不严格，如不按照已制定的内部控制制度相关规定，履行签字手续，各类支出的报销中，财务部门负责人不审核；购置办公用品、宣传印刷品、低值易耗品等无验收、入库、出库、领用、盘点等相关记录。

二、加强县级行政事业单位财务管理的建议与对策

（一）主要领导要高度重视财务管理工作

主要领导对本单位财务管理的重要性认识不到位，行动就会有偏差，作为单位财务管理的第一责任人，主要领导要提高对财务管理的认识。要深刻地认识到，财务管理工作是单位经济管理的核心内容，加强财务管理，有利于规范财政财务收支行为，提高资金使用绩效，是推进部门、单位依法理财的必然选择。《政府会计准则——基本准则》已于 2017 年 1 月 1 日起施行，行政事业单位将面临由核算型向管理型转变的重大转型，对其财务管理提出了新要求。主要领导亟须提高对本部门、单位财务管理的认识，加强财务管理工作，提升财务决策能力，全面提高财务管理水平和质量，以适应社会主义市场经济下参与市场竞争的客观要求。

（二）建立健全教育培训长效机制

地方财政部门作为管理会计工作的职能部门，要加强对县级行政事业主要领导和财务人员的教育培训，培训要制定中期或短期计划，培训内容要有实用性。对单位主要领导和财务人员的教育培训要各有侧重，对主要领导要加强财经法纪等教育培训，对财务人员应加强会计制度、财务规则等教育培训，确保培训取得实效。要借助现代信息技术的优势，创新培训方式、方法。可进行网络、实地考察等方面的培训，培训结束后，要通过考试或撰写培训心得以检验培训效果。每年对会计从业人员的继续教育，应进行有针对性的教育和考试，如行政事业单位会计人员必须学习行政事业单位会计制度等，且必须参加对应的继续教育考试，使继续教育学有所获。通过建立健全对主要领导和财务人员的教育培训长效机制，提升主要领导的经财法纪意识、全面的财务决策能力和科学的经济管理能力，提高财务人员的综合业务素质。

（三）制定激励机制，充分调动财务人员工作的积极性、主动性

L县行政事业单位财务人员队伍极不稳定，究其原因主要为多劳不多得。特别是在年底，如农牧、林业、水利、教育、卫计、民政等大的部门的行政事业单位向当地财政部门报决算，财务人员往往要加班，还有平时上级检查有时也得加班。应制定激励机制，如财务人员的加班要根据《中华人民共和国劳动法》等规定，据实发放补助，克服平均主义，体现按劳分配原则，切实提高财务人员工作的积极性；财务人员购买的会计学习书籍、参加会计专业技术职称考试等产生的相关费用应给予报销。财务岗位的工作比较烦琐是有目共睹的，单位应根据实际情况，制定相关激励政策，给予适当的物质和精神奖励，充分调动财务人员工作的积极性、主动性。

（四）严把会计人员准入关

会计人员队伍不稳定，无形中降低了会计人员的准入关。地方财政部门和县级行政事业单位要根据《中华人民共和国会计法》（以下简称《会计法》）的规定，严把会计人员的准入关，新上岗的财务人员，必须进行上岗前考试或考核，确保新录用会计人员的质量。

（五）推进财务公开，加大公开力度

积极推进行政事业单位财务公开，加大财务公开力度，是加强单位财务管理的必然要求，是从源头上预防和治理腐败的有效手段，对推进领导干部依法行政、科学决策、民主理财具有重要的意义。在财务公开时，要明确公开的内容，公开的内容要结合实际、突出重点、实事求是，做到公开透明。重点公开本单位重大财务决策，如卫生计生部门可把对其二级单位拨付的基本公共卫生服务补助资金作为公开的重点，明确公开拨付资金的依据，如依据上年度完成基本公共卫生服务项目、内容等；也要将社会公众、干部职工比较关注的热点财务问题等进行公开。要多渠道公开，可通过政府网站、

部门网站、地区有影响力的报刊等渠道进行公开。推进财务公开，加大财务公开力度，使重大财务决策更加科学、民主，让权力的运行更加公开、透明。

（六）成立内部审计部门，加强内部监督

2014年1月1日起施行的《行政事业单位内部控制规范（试行）》（财会〔2012〕21号）要求：内部审计部门或岗位应当定期或不定期检查单位内部管理制度和机制的建立与执行情况以及内部控制关键岗位及人员的设置情况等，及时发现内部控制存在的问题并提出改进建议。就L县而言，农牧、林业、水利、卫生、民政、交通等项目多、资金量大的部门都未设立内部审计股（室）或岗位。行政事业单位应先设立内部审计部门或股（室），为内部审计顺利开展内审工作，提高内部审计部门的地位，应成立以单位主要负责人为组长的内审工作领导小组。通过设立内部审计部门或股（室），开展内部审计监督，及时发现本部门、单位内部控制中存在的薄弱环节，提出完善内部控制制度的建议，切实加强内部监督。

（七）强化外部监督，审计等部门加大对发现问题的处理、处罚力度

地方财政部门要根据《会计法》《财政违法行为处罚处分条例》等相关法律、法规的规定，在法定职权范围内，加大对县级行政事业单位的监督检查，监督检查单位、个人是否遵守财务制度，是否严格执行《会计法》等相关规定，发现问题，依法依规严肃处理、处罚；地方审计机关要加大对县级行政事业单位的审计监督力度，着眼于财政财务收支真实性、合法性的同时，要重点关注财政资金管理使用中是否存在重大决策失误造成的财政资金损失浪费以及财政资金使用的经济效益、社会效益不佳等问题。对发现的问题，要依据《中华人民共和国审计法》《中华人民共和国审计法实施条例》《财政违法行为处罚处分条例》等相关法律、法规的规定，给予处理、处罚，并严肃追究单位主要负责人的领导责任或主管责任，对涉嫌违纪、职务犯罪等问题，要根据职责权限，及时移送纪检、检察等部门。通过加强外部监督，加大对发现问题的处理、处罚力度，切实规范县级行政事业单位的财政财务收支行为，提高资金使用效益。

（八）狠抓财政、审计等执法部门发现问题的整改落实

财政、审计等部门对行政事业单位监督检查发现的问题，要通过政府官网、当地有影响力的报刊等新闻媒体进行公告，充分发挥群众监督的直接性、广泛性作用和社会舆论监督的辐射性作用，以公开促使财务管理有问题的单位在规定的时限内及时进行整改落实。同时要回头跟踪检查整改落实情况，着重跟踪检查存在问题的单位是否对违法违规等问题及时进行了整改，如挤占、挪用的专项资金是否归还。如内部控制制度不健全，是否根据单位实际情况，健全、完善了内部控制制度并有效实施。对整改不力的，要对单位主要责任人严肃追责问责，最后再将整改情况进行公告。通过狠

抓财政、审计等部门发现问题的整改落实，使整改取得实效，进一步加强县级行政事业单位的财务管理和会计核算。

第四节　行政事业单位推行财务共享服务

一、新公共管理：催生西方政府部门财务共享服务模式兴起

当公共预算限制所形成的成本压力和公民不断提高的服务期望不断提高时，政府部门就开始被迫采取措施，以有效应对这些新的挑战。从 20 世纪中叶起，一些西方国家为了克服凯恩斯主义的缺陷，开始重新思考政府的角色定位、政府的作用定位、政府管理的制度和机制问题，并最终形成了新公共管理运动和相应的理论思潮。这一运动和理论的核心内容是，将市场机制、竞争原理引入政府管理领域，从而提高政府工作效率，降低行政运行成本。

新公共管理理论将政府角色定位为决策者，主张将决策制定过程和决策执行过程相分离。政府的主要工作要放在决策过程上，决策执行过程即公共服务的生产和提供过程可交由市场和社会完成。为了适应政府的新角色，政府组成人员应该以管理型专家为主，而不是以技术型专家为主，从而满足管理活动专业化的要求。

新公共管理的核心是减小政府规模、压缩政府活动空间、创新服务供给方法，以更低的费用、更高的效率实现公共目标。新公共管理理论认为，在具体的政府行政活动中应该引入企业管理的方法和机制，例如战略规划管理、项目预算管理、绩效管理、顾客管理、投入产出控制和人力资源管理等。毋庸置疑，新公共管理理论的产生只是基于一种政治哲学，因此，解决一类问题的同时，会导致另一类问题的产生。例如，在效率与公平、集权与分权、官僚体制与分权体制、文官制度与雇佣制度等诸关系的处理上，该理论与实践都处在两难的状态。但是，同样毋庸置疑，这一理论确有许多可以借鉴之处。例如，该理论的有效实践，可有助于建设服务型政府，确立有限政府构架，规范政府职能。将企业管理方法引入政府行政管理，可有助于降低行政成本，提高政府行政效率。

事实上，在西方国家过去的三十年里，情况远远比想象更糟。各个政治派别均对政府的预算绩效提出了批评。他们宣称：政府行政运行效率低下、毫无成效、机构过于庞大、开支过高、过度呈现官僚化、制定了许多不必要的规则、对民众需求反应冷淡、政务不公开、不民主、侵犯公民隐私权、以权谋私等，并且认为政府服务无论数量还是质量均未达到理应向纳税民众提供的水准。

当政府部门运行的环境充满挑战时，政府部门的各个组织开始考虑引入和借助于企业的共享服务模式，降低后台服务成本并集中政府财政预算资金以改进服务。事实上，这一概念已经在西方国家的许多跨国企业、行业组织广泛应用，其目的是分拆后台职能（例如，人力资源、采购、IT、财务、文书等），使不属于组织的主要活动但又具有辅助作用的任务趋于集中，运用流程再造和信息化水平的提升，降低成本，提升后台部门的服务能力和运行效率。共享服务与新公共管理的目标是一致的。共享服务中心这一概念更有利于激励其管理层改善组织绩效，并赋予管理层权力，通过消除阻碍创新的规则和程序来实现他们的目标。共享服务也符合公共管理改革运动的顾客导向宗旨，因为共享服务中心会公布对所提供服务的成本、质量和及时性的持续评估结果。鉴于政府部门的支出会影响到整个经济的全局，共享服务中心建设的决策就显得尤为慎重。

自 20 世纪 80 年代开始，在私营部门和跨国公司中，共享服务的应用极其广泛。通用电气、惠普等业界先驱率先使用共享服务模式。2001 年，财富 500 强和欧洲 500 强企业中，90% 以上的企业已经或打算推行某种形式的共享服务。在私营企业采用共享服务 20 年后，公共部门组织开始接受共享服务中心这种形式，这主要是由预算危机和机构迫切需要削减相关成本导致的。公共部门是否适合使用共享服务这种模式，对此，Janssen 和 Joha（2006）指出，共享服务中心似乎特别适合于公共部门，因为在目前的实际操作中，各个机构都在开发和维护自己的系统和服务。通过将服务的开发、维护和使用集合在一起，成本可以在各机构之间分摊，而不可企及的创新就可能变得唾手可得，腾出来的资金则可以用来提高政府部门的行政服务水平……虽然该领域的研究文献很少，但依然出现了一些研究成果和案例展示。Burns 和 Yeaton 研究了公共部门实施共享服务成功的几个因素。例如，强大的项目管理技能、高层的支持、有效的沟通、强大的变革管理和分阶段实施。Gerd Schwarz 对美国公共部门组织的共享服务中心应用情况进行了调查，验证了针对公共部门后台职能应用共享服务、外包等各种方案的优缺点，并提出相应建议。

Hammer 认为共享服务最早应用在财务领域，但其应用的范围可以向信息技术、人力资源以及行政管理等领域拓展。财务共享服务是依托信息技术将不同国家、地点的实体的会计核算业务集中到一个平台来记账和报告。平台的建设以财务业务流程处理为基础，以优化组织结构、规范流程、提升流程效率、降低运营成本或创造价值为目的，以市场视角为内外部客户提供专业化生产服务的分布式管理模式。对于财务共享服务是否适用于公共部门，从目前可以掌握的国外文献来看，并不多见。但从共享服务整体适用于公共部门的讨论和实践来看，该假设具有可行性。尤其是在我国推行国家治理能力现代化、预算绩效改革、减税降费、政府会计改革的宏观背景下，该问题的讨论和可行性研究具有重要的理论意义与实践意义。

二、政府会计改革：推动我国行政事业单位财务转型与财务共享中心建立

在我国，虽然没有什么新公共管理运动，新公共管理理论也不是政府行政管理的主流思想潮流，但是在建立市场经济的过程中，为了适应发展市场经济的要求，政府也在不断地调整自己，改造自己。在这个过程中，新公共管理理论中的一些合理思路和做法，会被自然而然地加以引鉴，顺理成章地影响着政府部门改革措施的制定和实施，从而深深地影响着政府改革的进程。

当前，我国已经进入全面深化改革的关键时期，政治、经济、文化以及社会等方面发生了巨大变化，国家治理体系和治理能力的现代化建设面临一系列新的挑战。因此，我国开始加快推动政府职能转变以适应社会、经济的发展需求。

2019 年 1 月 1 日，我国各级政府部门开始使用新的政府会计准则与制度。经济学家们认为，在稀缺的世界里制度本身也是稀缺的，选择一种制度意味着必须放弃另外一种制度。与交易成本一样，制度成本也是客观存在的一种社会事实。因此，对制度的任何选择都是有机会成本、创立成本和执行成本的。从制度演化的角度来看，执行成本包括实施成本和维护成本。我国原有的各级政府部门采用的会计信息系统，仅能满足会计核算制度下收付实现制会计核算和报表编制的要求，并不能满足《政府会计制度》改革要求的"双体系"功能，这必然需要更高水平的信息化系统提供支持，包括会计软件和会计信息系统的更换与升级换代，这些势必会增加政府部门的行政运行成本。此外，简单进行分散的会计核算系统的升级再造，在业财长期分离和难以实施管控的背景下，会重新制造信息孤岛问题，会计数据分散造成的不完整问题，执行标准不统一问题，简单、重复性强的低附加值会计核算占用大量财务人员时间，使得财务人员难以向更具有决策管理功能的管理会计职能转型。这些问题和背景的存在恰恰与企业当初建立财务共享服务中心的背景如出一辙，成为引入财务共享服务中心模式的重要驱动因素。

三、行政事业单位推行财务共享服务的可行性分析

（一）企业经验为行政事业单位引入共享服务提供借鉴

如前所述，财务共享服务在世界 500 强企业以及国内大型国有企业集团已经广泛使用并取得公认的好评。财务共享服务中心正在从最初的以网络报账、影像系统、资金交易处理平台为特征的 1.0 版本，迈向以数据化和智能化为特征的 2.0 版本。技术变革正在成为财务共享服务的核心驱动力，移动互联网、云技术、大数据等新兴技术与财务共享服务的结合成为财务共享服务 2.0 的核心特征。

与之相比，我国大多数行政单位仍处于会计信息化的初级阶段，甚至一些单位仅是实现了最基本的会计电算化。条块分割、各自为战的信息孤岛现象较为严重，许多方面还存在不足。而企业运用财务共享服务的经验可以为我国行政事业单位引入共享服务所借鉴。例如，以云计算为特征的财务共享服务中心不但会减少行政事业单位会计信息化建设的时间，还会大量节约信息系统的开发成本和购买硬件设备的购买成本，同时还能够避免传统会计信息化建设可能出现的开发风险和系统风险等。云计算更有利于各级行政事业单位共享一套核算规则，共享一套会计核算系统。企业财务共享的"银企互联"模式，可以实现行政事业单位财务无现金报账和网上收款，提升银行信息反馈质量和工作效率。

（二）行政事业单位下属单位众多、同质性强

财务共享服务适用于一定规模以上的组织，规模越大的组织越会选择建立财务共享服务中心，这样才能够更集中有效地发挥财务共享模式的规模经济效应。在我国，行政事业单位往往在全国呈现出纵向的多层级分布，且分支机构众多。行政主管部门一般为一级预算单位，其下属单位为基层（二级、三级等）预算单位，虽然机构众多，但同质性较强。例如，中央设立国家税务总局，各省市设立省级市级国家税务总局，某教育厅下属的高校、中小学校，某卫生健康委下属的众多公立医院，某科研机构下属的全国科研院所等等，这些为建立行政事业单位财务共享服务奠定了重要的组织基础。如果将这些单位同质性的业务职能与会计核算集中起来，通过流程再造与信息化结合，便可以高质量、低成本地提供标准化会计核算服务，产生规模财务管理效益与经济效益，显著提高核算的效率，减少各单位因大量报销而产生的工作量，节约人工成本，并专注业务发展，逐步形成良性发展。

行政事业单位所构建的财务共享服务可以由各级政府的行政主管部门及其下属同质性单位实施，也可以由各级财政部门通过会计集中核算的形式，再造成为财务共享服务中心。当然，财务共享并不因此改变各级预算单位会计主体责任。各单位仍然对本单位预算编制执行、资产管理等财务工作的合法合规性和所提供原始财务资料的真实性、完整性、合理性负责。

（三）会计集中核算与政府会计改革搭建了会计集中与统一的基础

行政事业单位会计集中核算严格来说是一种会计委派制，指的是由财政部门成立会计核算中心，在保障行政事业单位资金使用权、自主权及所有权不变的基础上，取消统管单位的会计核算人员、出纳人员岗位，由财政部门委派会计人员，集中对行政事业单位的会计核算业务、会计监督管理及会计服务等加以处理，并由核算中心管理银行账户，清理银行账户，所有的收支业务归集到核算中心结算、核算的一种会计核算模式。

行政事业单位会计集中核算模式产生的目的不仅仅是会计核算业务的集中，更主要的是将各行政事业单位银行账户纳入统一管理、资金收支纳入统一管理，并以此来规范和监督各单位财政资金使用，减少贪污腐败现象的发生。

会计集中核算尽管有其优点，并在一段时期发挥了重要作用，但在实际执行过程中，也产生了很多突出的问题。第一，容易造成会计集中核算机构与单位会计责任界限不清，在会计主体责任界定上出现单位和核算机构相互推诿和扯皮的问题。第二，会计集中核算没有推进会计与业务的融合，反而造成会计远离业务，会计对于业务的监督功能反而得到了弱化，更无法发挥预算对于事前和事中的监督。第三，一名会计人员同时处理几个单位的会计核算又会由于业务情况的不了解带来会计信息不准确和不真实的问题，因此，会计集中核算在行政事业单位并没有得到推广应用。

尽管如此，会计集中核算与财务共享服务中心的理念在会计基础作业的处理相一致，它将分散的、重复的基本业务抽离出来，集中到一个新的财务平台按照统一的标准和流程进行处理。可以说原来的会计集中核算给财务共享服务搭建了集中与统一的基础，财务共享服务则是在此基础上的功能划分和系统升级改造。当然，财务共享服务中心与会计集中核算有所不同，财务共享服务不是简单地将现有的财务流程简单归集和组合，而是要在现有的基础上实现对财务流程的再造设计，逐步形成共享财务、业务财务、战略财务的功能划分。因此，财务共享服务中心的建设还会涉及各项业务流程的再造，而会计集中核算仅是将各分支机构的部分财务核算人员集中办公，物理集中到一个平台处理各单位的会计核算业务，但缺乏有效的业务流程再造，尤其是打通业务流程的再造。

（四）国库集中支付制度建立了资金账户集中管理的基础

国库集中支付管理下，规范了财政资金拨付渠道，取消各类财政专户资金，所有资金统一存放国库和统一从国库支付，避免了财政资金大量沉淀在国库之外，有利于国库统一调度使用资金，极大地提高了财政资金运行效率。

行政事业单位构建财务共享服务中心可以借助已经建立的国库集中支付制度规范行政事业单位的账户管理体系，减少银行账户，压缩支付层级，统一结算，提高效率。加之集中所带来的实时比对，有利于往来的动态监控和预警，提高预算资金的风险防控。资金账户的集中管理，有利于强化大额资金的预算管理与审批管理，降低预算执行偏差率，提高预算执行的准确性，减少无效资金沉淀带来的财务成本和国库资金余额的不足问题。

四、我国行政事业单位推行财务共享服务的障碍性因素

虽然企业经验、信息技术的发展以及制度改革都为财务共享服务中心的推行奠定

了良好的基础，但是，当前在我国行政事业单位推行财务共享服务还是存在一定障碍性因素，主要表现在：

（一）管理层观念落后、变革的主动意识不强

行政事业单位推行财务共享服务的本质是通过会计核算的集中与财务信息化水平的提升逐步带动整个业务管理效率和管控能力的增强。即便如此，行政事业单位管理层对于财务转型与变革仍缺乏主动意识。会计核算集中到财务共享服务中心意味着自由财务权力的丢失，这是大多数单位管理层所不愿意见到的。此外，创新意味着可能失败。主管部门的管理层对于新事物往往具有抵触心理，害怕因为变革影响自身组织的稳定性和自身职务的升迁。对于下一层级的管理层来说，财务共享势必会影响单位现有管理的操作流程、财务制度甚至是组织架构等方面，这就难免会触及现有的内部利益格局，堵住一些"灰色地带"，从而使"一把手"产生抗拒心理。在技术手段的利用上，传统的管理者依然习惯于依赖手工操作、纸质文件签名、审批等习惯，而不习惯于电子化审批。因此，行政事业单位未来建立财务共享服务中心最大的阻力将来自于各级管理层。

（二）财务人员素质不高

财务共享不是简单地将会计核算集中化处理，更重要的是在各个分子单位设置业务型财务，从事有利于管理层决策的业务，从而推动财务人员转型。长期以来，行政事业单位对于高素质财务人员的需求不足，这就导致财务资源的投入也明显不足，使得当前行政事业单位财务人员的素质普遍不高。而且，行政事业单位由于体制、事业单位性质等原因，无法辞退冗余的会计核算人员，很容易使得会计核算队伍变得更加庞大，成本不降反升。加之，固定编制的限制性因素，使得财务共享服务中心不可能为此而增加人数，这也会大大影响建立财务共享服务中心后的实施效果。

（三）会计信息化基础薄弱，业务条块分割明显

大多数行政事业单位目前的会计信息化仅是一个孤立的会计核算系统，并没有打通相关业务信息系统，这与行政事业单位的条块分割的管理体制是直接相关的。这种体制性的障碍因素会导致各行政事业单位之间、各分支机构之间、各信息系统之间不能有效实现资源共享和互联互通，这些与财务共享的理念是背道而驰的。此外，由于一些行政事业单位财务的信息化程度较低，要达到建立财务共享服务中心所要求的信息化程度需要很大的资金投入，并且财务共享服务中心的建立是一项长期工作，可能会持续 2 ～ 3 年，同时在这一阶段会计人员需要学习、更新相关的知识。会计核算系统更新成本较高以及由此带来的一系列麻烦，会给人们带来畏难情绪，阻碍财务共享服务中心的建立。

（四）业财分离影响财务共享服务作用的发挥

建设财务共享服务中心的目的之一就是为了实现财务转型，构建业财一体化的业务型财务。财务共享服务中心建设完成后，可以通过业财融合路径，通过管理会计职能发挥财务对于业务的决策支撑，实现更好的服务，并通过服务来带动管控。而长期以来，行政事业单位的财务人员远离业务，重核算轻业务，重事后轻事前事中。大量的核算工作占用了会计人员大量的工作时间，造成管理会计作用的发挥极其有限。

建立财务共享服务中心后，许多留在行政事业单位的业务型财务由于不懂共享服务中心的运作模式，不会利用财务共享服务中心自身的数据创造功能，一旦双方在某一领域的业务、职责划分、权属关系等问题上持不同的观点而产生矛盾，就会影响到单位财务内部的合作关系，进而影响财务部门工作整体运行效率，最终影响管理会计作用的发挥，这可能会在某种程度上与最初建设财务共享的设想大相径庭。这些也会成为进一步推进财务共享服务中心建设，实现财务转型的障碍性因素。

五、有效建设财务共享服务中心的对策

（一）建立规范统一的财务管理系统

构建财务共享服务中心时，要注重财务管理的统一规范性。行政事业单位的财务管理应以全面预算管理为基础，主要涉及预算管理、采购管理、资产管理、资金的收入与支出管理、往来款项管理、财务机构及监督等多项管理。首先，应制定一套健全的、统一的、合法合规的财务管理制度，这是所有财务工作后续进行的依据及保证，所属单位及下属单位都采用同一规章制度，保证财务共享的一致性及稳定性。一切经济业务按规定办事，不得徇私舞弊。其次，要结合单位自身的业务对原有的流程全部梳理一遍，优化重复累赘或者不符业务需求的流程，省去不必要的环节，减少前台人员反复录入信息的工作量，依据单位的职能要求重新设置财务部门的组织结构，业务流程重组，在遵守规章制度的前提下制定出一套标准的财务流程。最后，对单位员工进行培训学习，以便所有人能够熟练运用新流程，加强单位的内控管理以及工作效率。

（二）建设财务共享服务信息系统

1. 前期评估

行政事业单位要导入财务共享中心。该中心相对于之前的传统会计模式有很大的转变，内容比较复杂，工作量和难度系数都比较大。为了保障平台后续能够正常运行，前期的评估工作是必不可少的。单位内部可以成立一个专项小组，主要负责财务共享服务中心的评估计划，人员配备应有技术方面人员、基层财务人员以及管理层。考虑到单位关联业务需要有针对性地制订出计划，可以从该平台的质量、安全、成本等多

方面进行评估，通过需求调研，收集大量的数据进行整合，全面、多角度评判后完成一份评估报告。

2. 系统设计

评估工作结束后，最关键的工作就是进行系统设计，根据单位的实际需求建立一套可以和业务系统结合使用的财务共享系统，将原有系统和 ERP 系统融合一起，这里面包括了会计核算系统、网络报账系统、影像管理系统、资金管理系统、会计软件系统以及信息处理平台，通过现代信息化技术实现财务的高效管控。

财务共享系统采用了网络管理方式，以全面预算管理为主线，着重控制了单位的费用支出，严格按照预算编制进行开支。单位内部人员都可以凭借专属账号密码登录，但是不同职位的权限、数据开放口都不同，以此保障数据资料的安全性。

系统完整的一套流程应是，单位财务人员将凭证填写完成，审批无误后由指定人员通过影像系统扫描上传至信息处理平台，尽可能多使用线上传输，然后财务共享中心的服务人员根据上传资料继续完成后续账务处理，最后会计软件系统会定期生成财务会计报告，财务人员确认完毕后可以公布。这种形式能从根源上制止"先付后批"的情况出现，可以加强单位对费用的监管，降低人工误差提高效率。财务共享系统规划设计完后，为了保证其顺利实施，还需要结合单位的具体业务进行后续调整。

3. 试运行

前期评估、系统设计阶段完成结束后，把成本、单位发展等因素考虑在内选择适合的地点建立财务共享服务中心，然后就可以开始试运行了。财务共享服务中心是依靠现代信息技术构建的财务平台，由客户端和云端组成。试运行过程中，由于财务人员新接触一个操作系统还不适应，需按照基本的业务流程进行一遍，在使用过程中出现的问题需要及时记录和反馈。根据运行中出现的问题做出调整，财务共享服务中心主要考虑客户的需求，做到客户端和云端能够有效对接，对客户的反馈及时进行完善，做好跟踪服务工作，加强与单位的沟通，确保财务工作的便捷性、高效性以及安全性。

（三）加强人力资源管理

财务共享服务中心系统的搭建完成，能够大幅提升行政事业单位的自动化处理能力。但是人员的优化管理也不可或缺。应加强人力资源的管理，同时完善员工绩效管理机制。推行财务共享服务模式后，财务人员应该更多地参与管理决策，对财务工作进行综合性分析，因而需要对所有财务人员进行专项培训，提高员工信息技术应用能力以及业务处理技能。

此外，应该将人力资源管理与科学合理的绩效机制结合实施。根据行政事业单位的发展要求，设置绩效考核标准，根据多项指标综合考核，将考评结果与薪资待遇挂钩，充分调动员工的工作积极性，将个人利益与单位利益紧密联合。

随着全球经济一体化的加深，依托信息技术推行财务共享服务已成为必然趋势。越来越多的大型企业集团已在运用财务共享服务，行政事业单位可以从中汲取经验。建立财务共享服务中心是当前趋势推动下的选择，有利于行政事业单位整合内部资源，节约成本以及提高内部管理水平，从而形成稳定的发展空间。

第五节 会计信息化与行政事业单位财务管理

行政事业单位在财务管理工作的开展中，工作的要求越来越高，为能有效提高各项工作开展的质量，就需要改变传统的财务管理形式，只有将会计信息化融入财务管理当中去，才能为实现既定的管理目标打下基础，才能为实际财务管理活动的顺利推进起到积极促进作用。从现阶段的财务管理工作的情况能发现，行政事业单位在这一管理方面没有全面实现会计信息化的发展目标，各方面的工作还需要进行优化完善。

一、行政事业单位财务管理会计信息化影响和问题

（一）会计信息化的影响分析

新的改革发展形势下，行政事业单位在财务管理方面要融入创新的工作理念，将会计信息化融入行政事业单位当中去，这对提升财务管理质量有着积极意义。从会计信息化产生的影响来看，主要体现在以下几个层面：

1. 提高了财务管理效率

行政事业单位在财务管理工作的实施中，对会计信息化技术的应用改变了传统财务管理工作的形式，能有助于提高财务管理工作效率。会计信息化中对计算机网络技术的应用，有助于采用创新的工作方式来提高财务管理工作质量，为实现既定的工作目标打下坚实基础，促进各项财务管理工作的顺利推进。把会计信息化作为工作的方式能简化财务管理工作流程缩短数据审计周期，对实现财务管理目标有着积极意义。

2. 有效扩大财务管理范围

行政事业单位在财务管理工作当中，通过发挥会计信息化的技术优势，有助于扩大财务管理范围。传统财务管理工作的实施中，管理范围比较小，涉及的数据信息有限，传统局限的财务管理方式对行政事业单位长期发展有着诸多不利影响，对财务信息的利用也会产生影响。而在会计信息化的发展背景下，能够有助于扩大财务管理范围，结合行政事业单位财务管理工作的需求提高财务管理的质量和效率，从整体上保障财务管理工作的良好开展。

3. 提高会计信息精确

行政事业单位财务管理工作开展在会计信息化的应用下，能够提高会计信息精确度，避免了传统财务会计管理信息出错的问题发生，这对提升财务会计信息化管理的质量水平有着积极意义。行政事业单位工作的实施中，传统财务管理工作受到多方面因素影响比较突出，容易造成会计信息失真以及丢失相应问题发生，会计信息化的方式能把各会计信息录入信息化系统中去，如果是录入的信息存在错误的问题，系统就会进行提醒，通过这样的方式能有助于避免信息错误。

（二）财务会计信息化管理问题

行政事业单位在财务管理工作开展过程中，存在的问题是比较多样的，财务会计信息化管理中由于没有创新思想观念，管理人员缺乏时代观念，在认知上存在着不足的问题，这就必然会影响财务管理活动的顺利开展。财务管理工作的开展当中由于没有充分重视财务信息管理工作，在管理的方式上没有和现阶段的财务管理工作要求相适应，对现代化管理的方式应用存在着不灵活的状况，这对财务会计信息化管理工作的良好推进必然会产生不利影响，影响最终的财务会计信息化管理活动顺利开展。另外，财务会计信息化管理工作中，在选择应用相应管理软件的时候没有及时更新，这也是影响财务管理质量效率的重要因素。

二、行政事业单位财务管理中会计信息化的措施

行政事业单位在财务管理中能从整体上提高财务管理的质量水平，需要发挥会计信息化的作用优势，有效提升财务管理的水平，对以下措施的落实要加强重视：

（一）及时更新财务管理观念

现代化的发展背景下，行政事业单位在财务管理工作的推进方面要注重从创新的角度出发，通过会计信息化技术的应用，改变传统单调的财务管理的理念，融入信息化技术，这对实现高质量财务管理目标有一定保障。只有从思想观念层面及时转变，满足财务管理工作的要求，才能真正为财务管理工作有效推进打下基础。信息化技术在各领域中得到了广泛应用，行政事业单位要想做好财务管理的工作，也要注重从技术的优化方面加强重视，创新财务管理的理念，将信息化管理的技术作为财务管理重要技术支撑，这样才能真正为实现既定的财务管理目标打下基础。所以行政事业单位在财务管理中要能从财务管理工作规范化，以及工作风险评测的环节充分重视，将信息化技术作为管理的促进力量，从而才能真正为实现既定的工作目标打下坚实基础。

（二）加强专业人才培养

行政事业单位在财务管理工作的开展中，会计信息化的技术应用是比较重要的，

能从整体上提升专业人才培养的质量水平，只有从创新的工作方面角度出发进行考量，提高财务会计人员信息化能力素质，使之和行政事业单位财务管理工作的要求相适应，才能保障各项财务管理活动的良好开展。所以在具体的工作推进当中，人才培训工作的优化开展是比较重要的，注重把人才培训体制进行完善建立，定期做好工作人员选拔工作，通过结合行政事业单位财务管理工作对人才的需求，针对性培养财务会计人才，才能为实际人才培养工作起到促进作用。在财务人才培养工作的开展当中，注重省内外高端培训工作的良好开展，通过构建优质培训基地，加强和他人的协作，注重从业人员业务技能培训，满足当前财务会计管理信息化的要求，才能为实践管理工作的开展起到积极促进作用。

（三）注重内部控制制度完善构建

行政事业单位在财务管理工作的开展过程中，对内部控制制度的完善建设环节要充分重视，积极优化工作环境，将工作人员行为按照工作的要求进行规范。结合财务管理工作需要完善内部控制制度的建设，做好内部规范工作，为行政事业单位财务管理工作营造良好环境，才能真正为实现既定的工作目标打下坚实基础。事业单位内部控制工作的实施当中，充分重视财务管理工作，强化内部控制力量，部门负责人要不断提高自身的能力素质，主动学习财务管理的理论知识，树立先进的财务管理理念，从而有效提高财务管理工作整体质量水平，注重财务管理部门做好相应宣传工作，在相应的法律法规的学习方面加强重视，以及在财务管理机制的完善方面能和实际工作的需要相适应，发挥内部审计部门作用优势，通过基础工作得以强化，才能有助于各项财务管理工作的良好开展。财务信息内控建设也是比较重要的，注重保障相应信息以及数据的真实可靠，只有在此基础上开展财务管理的工作，才能为实现既定财务管理目标打下基础。

综上，行政事业单位在财务管理工作的落实当中，由于涉及的工作内容比较丰富，为能有效提升各项管理工作开展的质量，就需要在财务管理中将会计信息化技术与之紧密融合起来，充分注重发挥信息化技术的应用优势，促进财务管理工作的有效推进，只有在这一基础工作方面得以强化，才能实现财务管理的目标。

第六节　国库集中支付与行政事业单位财务管理

国库集中支付建立了单一的国库账户体系，将所有的财政性资金纳入国库账户体系中进行统一的管理，收入被直接地缴入到国库或者专门的账户当中。支出是利用国库单一账户体系，采取财政直接支付或财政授权支付的方式，直接给用款单位或者供应商提供。国库集中支付在行政事业单位财务管理当中的应用，采取的是统一领导，分层管理的方式，根据经费领拨关系，权利与责任大小等，分为一级预算单位和二级预算单位，财务管理部门承担财务预算的重要管理工作，对预算单位内所有的资金收支进行管理，并对单位内的各项重大决策进行执行，保证行政事业单位各项事务的顺利进行。

一、国库集中支付对行政事业单位财务管理的影响

（一）对资金支付环节进行优化

在国库集中支付制度的运行下，相关的行政事业单位所有的资金要由国库进行统一的支配与管理，需要用到资金预算时，向相关的财政部门提出申请，在审批合格之后才可以将资金直接地拨付到对方的收款账户当中去。这样做，能使政府对于财政资金的调控能力得以优化，可以很好地避免行政事业单位内的资金被闲置而引发其他的问题，比如资金的挪用，私设小金库等。可见，国库集中支付对行政事业单位支付环节的优化，对财政资金的高效利用具有重要意义。

（二）对资金进行监督管理与控制

在以往的财政资金支付模式之下，中间环节比较多，消耗的时间比较长，而且到账后在账户内的停留时间也比较长，导致资金的作用无法被充分地发挥出来，甚至在资金的使用上还会出现滞留、私用、占用或者挪用等情况。但是国库集中支付应用之后，行政事业单位在财政资金支付时，涉及的资金的用途，交易的时间，收款方的账户等信息，都在集中性的系统当中留存和限制，对每一笔预算，每一笔款项的具体应用情况进行监督管理与控制。从这个方面去分析，国库集中支付制度的应用，对于提升资金的效率，保证资金使用的公正性和公平性等具有非常重要的意义，能够从源头上对资金腐败问题进行控制。

（三）对国库资金问题进行缓解

在传统的资金支付模式下，财政资金结余时采用的是多户头疏散存放的方法，这样国库内的资金会出现使用不足，调拨困难等问题。但是对国库集中支付制度进行改善之后，各个单位的银行账户被取消，单位形成的结余逐渐转换为部门预算指标结余，资金结余是在国库内发生的，便于政府部门对财政资金进行统一的规划与调度，这样能够很有效地缓解国库内的资金紧张问题，以此来推动社会经济的稳定运行。

（四）优化相关制度，提升财政调度能力

国库集中支付背景下，行政事业单位逐渐改变了传统粗放式的财务管理理念和方式，构建了良好运营态势的集约性管理模式。而且相关制度的优化，在财务内部管理

体制的建设期间发挥着比较好的作用，对不同部门及机构之间的关联性进行强化，可以进一步地提升财务信息的共享情况，从而提升财务管理的真实性和可靠性。

在国库集中支付的局势下，各个部门以及各个单位会根据统一的财务体系进行运作。对于资金的收入要采取统一纳入的方式，这样能够有效地避免资金滞留的问题，为公共财政体系建设目标的实现提供强有力的支持，更加科学合理地统筹财政资金。

（五）强化相关人员的素质建设

在当前大的经济背景下，计算机网络技术，会计专业软件技术不断地丰富和优化，国库集中支付系统重视信息技术，网络技术和软件技术的应用。所以在国库集中支付的应用过程中，政府部门必须保证资金的使用安全，并加强国库内资金管理账户系统的不断更新，保证其科技含量，不断地提升相关人员的素质建设，使他们能够熟练地掌握计算机网络操作技能，以此来推动国库集中支付方式的智能化发展，这与当前国际经济市场的发展态势相吻合，有助于保证良好的财务管理效果。

二、财政国库集中支付下我国行政事业单位的应对策略

（一）更新相关观念

对行政事业单位而言，需要依照财政国库集中支付的相关要求，及时丰富财会人员，财务管理工作人员还要立即开展相关工作实现其财务管理构思的不断创新，促使其自身的财务管理方面的能力与水平不断提升。不仅如此，也要逐渐增加对财会人员的培训工作，促进其基于相对性技术专业的学习培训，逐步掌握财政局国库集中化支付规章制度的内容与现行政策，明确进一步的编制预算以及账务处置工作。其次，提高有关工作人员的专业技术基础理论与实际的操作与实践能力。最关键的是，正确引导财会人员持续塑造全面提升财务管理有关的核心理念，逐渐加深对相关财务管理工作的深层次了解，独立且积极地参加到国库集中化规章制度类专业知识的学习活动中去，运用多仿真模拟训练的方法，对怎样高效率应用财政局国库集中化支付的电子器件信息管理系统进行培训学习。

（二）提升信息水平

逐渐提高管理信息系统的总体水准，必须建立与国库集中化支付系统软件相一致的信息化管理类系统软件，促进国库集中化支付规章制度能够更为畅顺地开展。对财务管理单位来讲，必须灵活有效配备国库集中化支付的各种财务管理的专业软件，促进计算机系统机器设备逐步完善，完成对系统优化的合理维护和保养，促进国库集中化支付下的财务管理慢慢实现电子器件信息化管理，确保财政资金管理方法的平稳、安全与高效率，确保财政资金进行合理布局。此外，财务管理部门需要积极地引领行

政事业单位对国库集中支付管理软件进行统一的安装，客观指定专门人员进入到相关学习软件的实践操作中去。另一方面，财政国库集中支付对信息网络系统的要求十分高，基于此，在促使网络信息化系统更加完善的前提下，应促使财政国库集中支付可以更加顺利与高效地进行下去，另外，行政事业单位在开展对应授权支付业务办理的过程中，应促使对应审核计算机系统工作逐渐变得更加完善，同时发挥对应措施的作用促使其相关体系逐渐变得更加完善与健全。

（三）完善内控制度

财政国库集中支付制度，需要行政事业单位逐渐实现内部控制制度的进一步完善，特别是对于财务管理内部控制制度来说，需要从如下几方面进行：首先，逐渐对事业单位工作人员进行相关内部控制层面专业知识的宣传，促进行政事业单位工作人员，尤其是财会人员，持续形成有关的内部控制观念，促进内部的管控能够奠定更为优质的观念基础。此外，建立更为健全与完善的内控规章制度，开展不兼容职位的分离工作，以此来确保行政事业单位内部的管控规章制度逐步有效且高效，不断提升其整体执行度。其次，定期地进行有关资金对账的相关检查，促使货币资金的相关检查制度逐渐强化起来，促使资金的运行安全得到充分保障。再次，合理地进行国库集中支付系统以及财务核算系统的合理对接，探究内部控制与国库支付之前的有效结合点，促使两者逐渐实现制约关系的平衡，促使事业单位的管理与控制变得更加全面。最后，开展行政事业单位财政管理的内外部审计监督工作，运用监管这一层级的约束，不断贯彻落实行政事业单位的内控规章制度，促进事业单位的财务管理工作逐步趋于规范。

（四）完善财政管理制度

对行政事业单位来说，需要注意在财政集中支付的相关要求之下，依照具体的状况开展合理的编制预算工作，尽可能地避免出现小支出、大费用预算的情况。据此，对行政事业单位而言，在进行定编每一年费用预算的有关工作时，一定要按照企业下一年的关键行政项目计划开展有关工作，在费用预算上开展科学、有效的费用预算。在经过有关部门审批以后，行政事业单位一定要对费用预算工作的施行严肃认真且走心，尽可能地避免出现预算之外的财政资金申请拨付现象。不仅如此，对财政部门来说，还需要注意对审批行政事业单位的财政资金支出范围方式进行严格掌控。在同一过程中，行政事业单位要促使财务管理的制度逐渐变得更加完善与健全，促使各个单位资金的具体使用技术得到更好与更加统筹的安排，促使财政资金管理使用变得更加规范化。

（五）健全完善配套设施

需要严格执行行政事业单位国库集中支付的诸项要求，并且充分使其达到有效落实。推动改革诸项配套措施的健全与完善，依照规定架构的可实用性、适应能力较强的相关制度，保证国库集中支付制度逐渐形成更加完善的法律依据。另外，还要积极地创建全方位以及系统化的国库集中支付监督系统，逐步提升预算管理的效应。不仅如此，还要注意在考虑构建健全性的法律规章制度的同时，保证预算编制的实践性以及可行性。

综上所述，市场经济体制的发展会促进行政事业单位财务管理慢慢成为必然。财政国库集中化支付的推行，为行政事业单位的财务管理工作带来了机遇与挑战，因此需要从更新观念、培养人才与推动信息化建设等角度进行研究，促使事业单位财务管理工作持续与健康地发展下去。

参考文献

[1] 高树凤. 管理会计 [M]. 北京：清华大学出版社，2006.

[2] 徐光华. 财务会计 [M]. 北京：高等教育出版社，2006.

[3] 王巍. 中国并购报告 2006[M]. 北京：中国邮电出版社，2006.

[4] 哈特维尔·亨利三世. 企业并购和国际会计 [M]. 北京：北京大学出版社，2005.

[5] 财政部会计资格评价中心. 中级财务管理 [M]. 北京：经济科学出版社，2017.

[6] 上海国家会计学院. 价值管理 [M]. 北京：经济科学出版社，2011.

[7] 宋健业 .EMBA 前沿管理方法权变管理 [M]. 北京：中国言实出版社，2003.

[8] 本节代，侯书森. 权变管理 [M]. 北京：石油大学出版，1999.

[9] 徐政旦. 现代内部审计学 [M]. 北京：中国时代经济出版社，2005.

[10] 李艳群，张巍巍. 网络环境下企业财务会计管理模式的创新与思考 [J]. 商，2015，15（46）：172-162.

[11] 李世超. 网络环境下中小企业财务管理模式的创新思考 [J]. 现代经济信息，2016，10（07）：220-221.

[12] 姚瑶. 网络环境下中小企业财务管理模式的创新思考 [J]. 商场现代化，2015，16（09）：248.

[13] 吴静怡. 试论供给侧改革与企业财务管理转型升级 [J]. 西部财会，2017，11（3）：22-24.

[14] 唐丽萍. 浅谈企业财务风险的识别与内部控制对策 [J]. 中国管理信息化，2017，20（03）：18-20.

[15] 胡光华. 财务管理转型升级、助力集团企业发展 [J]. 知识经济，2018，45（2）：99-100.

[16] 蓝茂煌. 企业转型升级中财务管理应如何应对的方案初探 [J]. 财会学习，2017，24（11）：19-20.

[17] 高晓兵，刘东溟，唐礼萍. 财务管理助推企业转型升级的路径探讨 [J]. 财务与会计（理财版），2011，26（4）：8-10.

[18] 许道惠，杨阳. "互联网 +" 驱动的企业财务管理模式创新研究 [J]. 中国乡镇企业会计，2016，05（15）：685-687.

[19] 王芳远，马香品．企业财务管理适应"互联网+"的对策探索 [J]．产业与科技论坛，2016，09（30）：432-435.

[20] 叶晓甦，张德琴，石世英，傅晓．考虑投资倾向的 PPP 项目资本结构优化 [J]．财会月刊，2017，10（32）：11-16.

[21] 刘秦南，王艳伟，姚明来，李靖．基于系统动力学的 PPP 项目运营风险演化与仿真研究 [J]．工程管理学报，2017（05）：1-4.

[22] 孙玉栋，孟凡达．PPP 项目管理、地方政府债务风险及化解 [J]．现代管理科学，2017，11（05）：24-26.

[23] 王秋菲，石丹，常春光．多案例的 PPP 项目风险分析与防范 [J]．沈阳建筑大学学报（社会科学版），2016，18（05）：494-500.

[24] 叶晓甦，覃丹丹，石世英．PPP 项目公众参与机制研究 [J]．建筑经济，2016，37（03）：32-36.

[25] 何亚伯，孙蕾，秦伟．基于 AHP 和熵执法的 PPP 项目风险分担研究 [J]．项目管理技术，2016，14（01）：35-41.

[26] 秦媛媛．某旅游投资集团的财务治理问题分析 [D]．西南交通大学，2013.

[27] 王光耀．L 公司财务风险管理研究 [D]．山东大学，2016.

[28] 郝伟栋．GT 有限责任公司财务内部控制研究 [D]．兰州交通大学，2016.

[29] 赵丽．我国公益类事业单位财务管理问题研究 [D]．财政部财政科学研究所，2012.

[30] 刘永君．上市公司财务审计与内部控制审计整合研究 [D]．西南大学，2013.

[31] 廖菲菲．内部控制审计、整合审计对财务报表信息质量的影响 [D]．西南财经大学，2014.

[32] 邢萌．上市公司整合审计业务流程优化问题研究 [D]．杭州电子科技大学，2014.

[33] 张莉．财务报表与内部控制整合审计流程设计及应用 [D]．兰州理工大学，2014.

[34] 谢林平．论内部控制审计与财务报表审计整合的意义与流程 [J]．中国内部审计，2015（8）：90-93.

[35] 李哲．财务报表审计和内部控制审计的整合研究 [D]．云南大学，2015.

[36] 黄雅丹．我国上市公司财务报表审计与内部控制审计整合研究 [D]．吉林财经大学，2014.

[37] 罗娜．整合审计在我国会计师事务所的运用研究 [D]．西南财经大学，2013.

[38] 吴俊峰．风险导向内部审计基本问题研究 [D]．西南财经大学，2009.

[39] 丁晓靖．电力基建项目全过程财务管理体系研究 [D]．华北电力大学，2014.

[40] 钟健．河北国华定州电厂（2X600MW）工程基建管理信息系统（MIS）的设计与实现 [D]．四川大学，2014.